René König und di

MW00743588

April 2015

Liebe Herr Rüschemeye,
mit herzlichen Dank
für Ihre hilfreiche Hinweise!
Ihr

Stephan Moebius

# René König und die „Kölner Schule"

Eine soziologiegeschichtliche Annäherung

 Springer VS

Stephan Moebius
Karl-Franzens-Universität Graz
Graz, Österreich

Gedruckt mit Unterstützung der Universität Graz

ISBN 978-3-658-08181-2          ISBN 978-3-658-08182-9 (eBook)
DOI 10.1007/978-3-658-08182-9

Die Deutsche Nationalbibliothek verzeichnet diese Publikation in der Deutschen
Nationalbibliografie; detaillierte bibliografische Daten sind im Internet über
http://dnb.d-nb.de abrufbar.

Springer VS
© Springer Fachmedien Wiesbaden 2015

Lektorat: Dr. Cori Mackrodt, Daniel Hawig.

Gedruckt auf säurefreiem und chlorfrei gebleichtem Papier

Springer Fachmedien Wiesbaden ist Teil der Fachverlagsgruppe
Springer Science+Business Media
(www.springer.com)

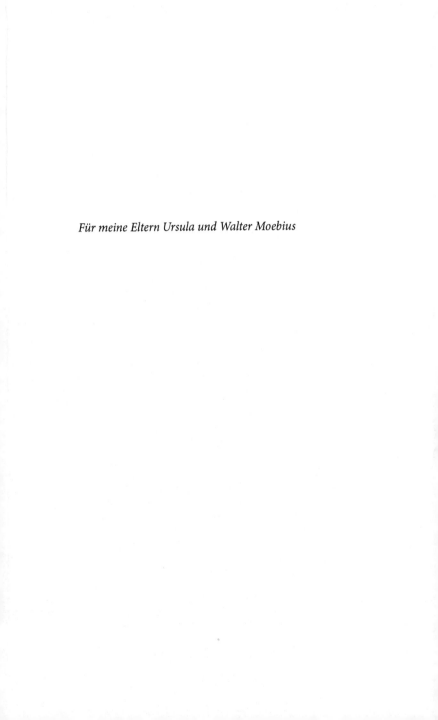

*Für meine Eltern Ursula und Walter Moebius*

# Inhalt

# René König und die »Kölner Schule«[1]

## Eine soziologiegeschichtliche Annäherung

> »So repräsentiert heute der Soziologe jenen
> Stachel, von dem Sokrates sprach, und der
> nicht nur das Denken antreibt, sondern es
> zugleich auf den Weg der Wahrheit bringt.«[2]

## 1 Kontextualisierung: René König im soziologischen Feld nach 1945

René König als das Oberhaupt der »Kölner Schule«,[3] Max
Horkheimer und Theodor W. Adorno als die maßgeblichen
Repräsentanten der »Frankfurter Schule« und der in Müns-

---

1  Ich danke an dieser Stelle für einzelne Hinweise und Kritik ganz
   herzlich Clemens Albrecht, Heine von Alemann, Matthias Bös,
   Christian Fleck, Michael Klein, Oliver König, Andrea Maurer, Lothar Peter, Karl-Siegbert Rehberg, Dietrich Rüschemeyer, Gerhard
   Schäfer, Markus Schroer und Hans Peter Thurn. Ebenso gilt mein
   Dank dem Sozialwissenschaftlichen Archiv Konstanz, dem International Institute of Social History (Amsterdam) und dem Schweizer Sozialarchiv in Zürich. Für die Abdruckerlaubnis der Fotos von
   René König danke ich herzlich Oliver König.
2  René König, *Leben im Widerspruch. Versuch einer intellektuellen Autobiographie*, Frankfurt am Main et al. 1984, S. 195.
3  Zur Soziologie in Köln, auch vor 1945, vgl. den Überblick von Erwin K. Scheuch, »Soziologie in Köln«, in: Jutta Allmendinger (Hg.),

ter lehrende Helmut Schelsky stellen die zentralen Akteure und Positionen des soziologischen Feldes der westdeutschen Nachkriegszeit dar.[4] Die spezifische Position der »Kölner

---

*Gute Gesellschaft? Verhandlungen des 30. Kongresses der Deutschen Gesellschaft für Soziologie in Köln 2000. Teil A*, Opladen 2001, S. 113–168 sowie Dirk Kaesler, »Die Gründung des Forschungsinstituts für Soziologie der Universität zu Köln und die zwanziger Jahre«, in: Ders., *Soziologie als Berufung. Bausteine einer selbstbewussten Soziologie*, Opladen 1997, S. 235–247; Erhard Stölting, *Akademische Soziologie in der Weimarer Republik*, Berlin 1986; Irmela Gorges, *Sozialforschung in der Weimarer Republik 1918–1933*, Frankfurt am Main 1986. Zur westdeutschen Soziologie nach 1945 instruktiv zusammenfassend Karl-Siegbert Rehberg, »Auch keine Stunde Null. Westdeutsche Soziologie nach 1945«, in: Walter H. Pehle/Peter Sillem, *Wissenschaft im geteilten Deutschland. Restauration oder Neubeginn nach 1945*, Frankfurt am Main 1992, S. 26–44, Paul Nolte, *Die Ordnung der deutschen Gesellschaft. Selbstentwurf und Selbstbeschreibung im 20. Jahrhundert*, München 2000, S. 235 ff., Uta Gerhardt, *Soziologie im zwanzigsten Jahrhundert. Studien zu ihrer Geschichte in Deutschland*, Stuttgart 2009, S. 179 ff. sowie Katharina Scherke, *Emotionen als Forschungsgegenstand der deutschsprachigen Soziologie*, Wiesbaden 2009, S. 189–232.

4    Die Zentralität dieser »drei Soziologien« für die Nachkriegssoziologie (vgl. auch Ralf Dahrendorf, »Die drei Soziologien. Zu Helmut Schelskys ›Ortsbestimmung der deutschen Soziologie‹«, in. *KZfSS*, 12 (1960), S. 120–133, hier S. 121; M. Rainer Lepsius, »Die Entwicklung der Soziologie nach dem Zweiten Weltkrieg. 1945–1967«, in: *Deutsche Soziologie seit 1945, KZfSS*, Sonderheft 21, hg. von Günther Lüschen, 1979, S. 25–70, hier S. 36 ff.; Heinz Sahner, *Theorie und Forschung*, Opladen 1982, S. 23 ff.) bezieht sich dabei v. a. wissenschaftssoziologisch auf die kognitiven und institutionellen Wirkungen und die symbolische Macht dieser Schulen im soziologischen Feld und soll inhaltlich nicht die Bedeutung anderer zentraler Personen und die mit ihnen verbundenen Orte der westdeutschen Nachkriegssoziologie (wie etwa Göttingen: Helmuth Plessner; Berlin: Otto Stammer; Freiburg i.Br.: Arnold Bergstraesser oder Heidelberg: Alfred Weber) in Abrede stellen oder abwerten. Wenn man gemäß Joachim Fischer (»Philosophische Anthropologie – Ein wirkungsvoller Denkansatz der deutschen Soziologie nach 1945«, in: *Zeitschrift für Soziologie*, Jg. 35/5, 2006, S. 322–347) Schelsky, Gehlen, Plessner, Bahrdt, Popitz und Claessens als durch die Philosophische An-

Schule« in dieser nachkriegssoziologischen Konstellation lässt sich zunächst am besten anhand ihrer Konkurrenzbeziehungen verstehen.[5] Wie Karl Mannheim ganz allgemein mit Blick auf die Ideenproduktion wissenssoziologisch festgehalten hat[6], so sind auch Konkurrenzbeziehungen im Gebiete der Nachkriegssoziologie für eine spezifische Felddynamik verantwortlich, deren Kennzeichen die »rotierende Triade« ist, in der sich »jeweils zwei gegenüber dem Dritten positionieren«.[7] Ein Ergebnis dieser Dynamik zwischen König – Adorno/Horkheimer – Schelsky ist nach Oliver König unter anderem auch, dass diese Konkurrenz die unterschiedlichen Standpunkte und den spezifischen akademi-

thropologie verbundene Denker betrachtet, dann stellen diese als eigene Denkschule die dritte wirkmächtige Position neben Köln und Frankfurt dar. Interessanterweise spricht Randall Collins hinsichtlich der Struktur intellektuellen Wettbewerbs davon, dass es jeweils in einer Generation immer drei bis sechs aktive Schulen gebe (Collins, »Zur Theorie intellektuellen Wandels: Soziale Ursachen von Philosophien«, in: Ders., *Konflikttheorie. Ausgewählte Schriften*, Wiesbaden 2012, S. 287–321, hier S. 305).

5    Eine Konstellationsforschung (vgl. Martin Mulsow/Marcelo Stamm (Hg.), *Konstellationsforschung*, Frankfurt am Main 2005) der bundesrepublikanischen Soziologie nach 1945 kann in diesem Beitrag über die Kölner Schule freilich nicht geleistet werden und steht noch aus. Das vorliegende Buch kann jedoch dabei als erster Ansatz dazu betrachtet werden.

6    Karl Mannheim, »Die Bedeutung der Konkurrenz im Gebiete des Geistigen«, in: Volker Meja und Nico Stehr (Hg.), *Der Streit um die Wissenssoziologie*, Bd. 1, Frankfurt am Main 1982, S. 325–370.

7    Oliver König, »Nachwort«, in: René König, *Briefwechsel, Bd. 1, Schriften, Bd. 19*, hg. von Mario und Oliver König und mit einem Nachwort versehen von Oliver König, Opladen 2000, S. 587–621, hier S. 589. Zu den Kontroversen um die Soziologie als Lehrfach siehe Volker Kruse, »Soziologie als universitäres Lehrfach - Konzeptionen und Kontroversen in den 1960er Jahren«, in: Bettina Franke/Kurt Hammerich (Hg.), *Soziologie an Universitäten: Gestern - heute - morgen*, Wiesbaden 2006, S. 115–133.

schen Habitus nicht nur zum Ausdruck, sondern »überhaupt erst hervorbringt.«[8]

In den ersten Jahren unmittelbar nach dem Zweiten Weltkrieg sind die unterschiedlichen Perspektiven, Kräfteverhältnisse und Konfliktlinien der Schulen jedoch noch durch die gemeinsamen Anstrengungen und Bemühungen um die Neuausrichtung der deutschen Soziologie und einer »Gegenwartsaufklärung«[9] wenig ausgeprägt. Bis in die 1950er Jahre werden wissenschaftliche und teilweise (etwa zwischen Köln-Frankfurt) auch politische Interessengemeinschaften eingegangen.[10] Wissenschaftlich verbindend war zwischen Frankfurt und Köln etwa »die positive Haltung beider gegenüber der pragmatisch-aufklärerischen Tradition der amerikanischen Soziologie, deutlich trennend aber die jeweilige Positionierung gegenüber den deutschen Wissenschaftstraditionen der 20er und 30er Jahre.«[11] König und Horkheimer/

---

8    Oliver König, »Nachwort«, a. a. O., S. 589. Ein Beispiel ist etwa die polemisch-undifferenzierte Kritik an der empirischen Sozialforschung durch Adorno (vgl. dazu Hans-Joachim Dahms, *Positivismusstreit*, Frankfurt am Main 1994, S. 289 ff.; Sahner, *Theorie und Forschung*, a. a. O., S. 35 f.), sich zuspitzend im Positivismusstreit (vgl. neben der grundlegenden Studie von Dahms auch Jürgen Ritsert, »Der Positivismusstreit«, in: Georg Kneer/Stephan Moebius, *Soziologische Kontroversen. Beiträge zu einer anderen Geschichte der Wissenschaft vom Sozialen*, Frankfurt am Main 2010, S. 102–130.), der als die Ursache der »Lagerbildung in der Soziologie« nach 1945 betrachtet werden kann (so Clemens Albrecht, »Wie das IfS zur Frankfurter Schule wurde«, in: Ders. et al. (Hg.), *Die intellektuelle Gründung der Bundesrepublik. Eine Wirkungsgeschichte der Frankfurter Schule*, Frankfurt/New York 1999, S. 169–188, hier S. 184). Allgemein zum Streit der »Kerntriade« um die Rolle und den Stellenwert der Empirie nach 1945 siehe Horst Kern, *Empirische Sozialforschung. Ursprünge, Ansätze, Entwicklungslinien*, München 1982, S. 217 ff.

9    Nolte, *Die Ordnung der deutschen Gesellschaft*, a. a. O., S. 246.

10   Vgl. dazu etwa am Beispiel von König und Horkheimer Albrecht, »Wie das IfS zur Frankfurter Schule wurde«, a. a. O., S. 180 f.

11   Oliver König, »Nachwort«, a. a. O., S. 595.

Adorno eint zudem biographisch die Erfahrung des Exils sowie ihr gemeinsames Engagement »an kritischer Aufarbeitung der deutschen Vergangenheit«.[12] Das scheidet sie vom »Dabeigewesenen« Schelsky.[13] Dieser teilt in den Augen Königs wiederum mit Adorno eine bestimmte kulturkonservative Position und »resignative Kulturkritik«[14], was beide von König trennt.[15] Und – um noch ein Beispiel für die wechselnden Bündnisse herauszugreifen – Schelsky sieht sich mit König gegenüber den Frankfurtern in der Interpretation der »alten deutschen Soziologie« einig.[16] Kurzum: Die Positionierungen und Koalitionen wechseln oft. »Gegenstand der Positionierung dieser drei Kontrahenten waren abwechselnd politische und fachliche Unterschiede bzw. das Umschlagen des einen in

René König 1972

---

12   Clemens Albrecht, »Vom Konsens der 50er zur Lagerbildung der 60er Jahre: Horkheimers Institutspolitik«, in: Ders. et al. (Hg.), *Die intellektuelle Gründung der Bundesrepublik*, a. a. O., hier S. 159. Allerdings sollte der Begriff Konsens nicht über wesentliche Differenzen (etwa soziologische Grundpositionen, politischen Optionen, siehe dazu später mehr) hinwegtäuschen.

13   Vgl. Gerhard Schäfer, »Soziologie auf dem Vulkan – Zur Stellung René Königs in der Dreieckskonstellation der westdeutschen Nachkriegssoziologie«, in: Frank Deppe et al. (Hg.), *Antifaschismus*, Heilbronn 1996, S. 370–387, hier S. 374.

14   René König, »Zur Soziologie der zwanziger Jahre«, in: Ders., *Studien zur Soziologie*, Frankfurt am Main 1971, S. 9–35, hier S. 33. In einer Radiosendung zur Einführung in die Kultursoziologie spricht König auch von »kulturkritischen Dunkelmännern«, vgl. Monika Boll, *Nachtprogramm. Intellektuelle Gründungsdebatten in der frühen Bundesrepublik*, Münster 2004, S. 234.

15   Brief von René König an Theodor W. Adorno vom 23.10.1961, in: René König, *Briefwechsel, Bd. 1*, a. a. O., S. 515.

16   Helmut Schelsky, »Zur Entstehungsgeschichte der bundesdeutschen Soziologie. Ein Brief an Rainer Lepsius«, in: Ders., *Rückblicke eines ›Anti-Soziologen‹*, Opladen 1981, S. 11–69, hier S. 17. Eine für den Habitus beider nicht unwichtige, gemeinsame Erfahrung ist sicher auch ihr Engagement in der Jugendbewegung.

das andere. Die Auseinandersetzungen sorgten zugleich dafür, daß bestimmte Konstellationen gegenüber den anderen
betont, andere gleichzeitig zum Verschwinden gebracht wurden.«[17] Bis Mitte der 1950er Jahre herrschte in Köln, Frankfurt
und Münster ein »tragender Grundkonsens« und erstaunli-
che Übereinstimmung, was die »Anerkennung und Aneignung der amerikanischen Sozialforschung« und den mit ihr
teilweise assoziierten gesellschaftlichen Demokratisierungs-
prozess betraf.[18]

---

17   Oliver König, »Nachwort«, a. a. O., S. 598. Siehe zur Dreieckskon-
     stellation ausführlicher die Briefwechsel Königs sowie Oliver König,
     »Nachwort«, a. a. O., Schäfer, »Soziologie auf dem Vulkan«, a. a. O.
     sowie Dahrendorf, »Die drei Soziologien«, a. a. O.

18   Albrecht, »Wie das IfS zur Frankfurter Schule wurde«, a. a. O., S. 174.
     Zur Rolle der amerikanischen Sozialwissenschaften siehe Bernhard
     Plé, *Wissenschaft und säkulare Mission. ›Amerikanische Sozialwis-
     senschaft‹ im politischen Sendungsbewußtsein der USA und im geis-
     tigen Aufbau der Bundesrepublik Deutschland*, Stuttgart 1990 sowie
     Johannes Weyer, »Der ›Bürgerkrieg in der Soziologie‹. Die west-
     deutsche Soziologie zwischen Amerikanisierung und Restauration«,
     in Sven Papcke (Hg.), *Ordnung und Theorie. Beiträge zur Geschich-
     te der Soziologie in Deutschland*, Darmstadt 1986, S. 280–304, Nolte,
     *Die Ordnung der deutschen Gesellschaft*, a. a. O., S. 242 ff. und Sahner,
     *Theorie und Forschung*, a. a. O., S. 133 ff. »Amerikanisierung« meint
     hier nach Fleck die »Hinwendung zur Praxis der in Projektform
     erfolgenden empirischen Sozialforschung gepaart mit einer star-
     ken Präferenz für eine am naturwissenschaftlichen Vorbild entwi-
     ckelte Methodologie« (Christian Fleck, »Die Entwicklung der So-
     ziologie in Österreich«, in: Peter Biegelbauer (Hg.), *Steuerung von
     Wissenschaft? Die Governance des österreichischen Innovationssys-
     tems*, Innsbruck: Studienverlag, S. 259–296, hier S. 267). Zu (Dis-)
     Kontinuitäten in der empirischen Soziologie und amerikanischem
     Transfer vgl. Carsten Klingemann, *Soziologie und Politik. Sozial-
     wissenschaftliches Expertenwissen im Dritten Reich und in der frü-
     hen westdeutschen Nachkriegszeit*, Wiesbaden 2009, Christian Fleck,
     *Transatlantische Bereicherungen. Zur Erfindung der empirischen So-
     zialforschung*, Frankfurt am Main 2007 sowie Uta Gerhardt, *Denken
     der Demokratie. Die Soziologie im atlantischen Transfer des Besat-
     zungsregimes*, Stuttgart 2007, S. 155 ff. Zu fragen wäre auch nach den

Max Horkheimer und Theodor W. Adorno

Die empirische Erforschung der Nachkriegsgesellschaft, deren Aufbau und auch der Versuch, mit Soziologie und Sozialforschung die gesellschaftspolitische Kultur der jungen BRD mitzugestalten, darin bestanden die gemeinsamen Hoffnungen und Anstrengungen. »Empirische Soziologie dieser Zeit war also alles andere als reine Wissenschaft, sie war auch ›politisches Projekt‹.«[19] So sind für König, »die anfallenden

---

emigrierten europäischen Sozialwissenschaftler in den USA (vgl. Scherke, *Emotionen als Forschungsgegenstand der deutschsprachigen Soziologie*, a. a. O., S. 217), die dann auf die westdeutsche Soziologie wiederum zurückwirken. Zu analysieren wäre etwa auch: Was wurde selektiv von den USA aufgegriffen? Warum gerade diese und nicht jene Tradition? Jedenfalls nennt König auch Theodor Geiger als für ihn wichtigen Vertreter und Impulsgeber der empirischen Sozialforschung.

19  Volker Kruse, »Soziologie als ›Schlüsselwissenschaft‹ und ›Angewandte Aufklärung‹ – der Mythos der Empirischen Soziologie« in:

Probleme zunächst durch die Tat zu lösen, das heißt *durch die unmittelbare empirische Sozialforschung* [...].«[20] Thematisch und programmatisch gibt es hierbei zwischen den Schuloberhäuptern durchaus Einigkeit und einen »generationsspezifischen Arbeitskonsens«[21], nicht zuletzt auch als Ergebnis einer ähnlichen Reflektion der gesellschaftlichen Verhältnisse, Wandlungen und Neustrukturierungen. Woran zeigt sich dies? Beispielsweise interessieren sich alle drei gleichermaßen neben der Industrie- und Gemeinde- auch für die Familiensoziologie. Mit »Familie« greifen sie – trotz erheblicher Unterschiede in der Bewertung der Bedeutung von Familie als Integrationskraft einerseits (König/Schelsky) oder als Institution zur Einübung autoritätsfixierten Verhaltens andererseits (Adorno)[22] – ein für Nachkriegsdeutschland zentrales gesellschaftliches Phänomen auf, das sowohl durch »kriegs-

---

Karl Acham et al. (Hg.), *Der Gestaltungsanspruch der Wissenschaft. Aufbruch und Ernüchterung in den Rechts-, Sozial- und Wirtschaftswissenschaften auf dem Weg von den 1960er zu den 1980er Jahren,* Stuttgart 2006, S. 145–175, hier S. 150.

20    René König, »Vorbemerkung des Herausgebers zum Jahrgang VII der Kölner Zeitschrift für Soziologie und Sozialpsychologie«, in: Ders., *Soziologe und Humanist. Texte aus vier Jahrzehnten,* hg. v. Michael Klein und Oliver König, Opladen 1998, S. 103–107, hier S. 104.

21    Vgl. Heinz Bude, »Die Charismatiker des Anfangs. Helmuth Plessner, René König, Theodor W. Adorno und Helmut Schelsky als Gründer einer Soziologie in Deutschland«, in: Günter Burkart/Jürgen Wolf (Hg.), *Lebenszeiten. Erkundungen zur Soziologie der Generationen,* Opladen 2002, S. 407–419, hier 412 ff.

22    Vgl. Schäfer, »Soziologie auf dem Vulkan«, a. a. O., S. 385 ff. Bei Horkheimer sieht die Einschätzung der Familie im Gegensatz zu Adorno nochmal anders aus. Bereits in Zürich hatte König im Auftrag des Schweizer Bundesrates über die Familie geforscht, wobei hier vor allem die Rolle der Familie und ihren Funktionswandel angesichts der Prozesse gesellschaftlicher Individualisierung im Vordergrund standen. Vgl. dazu Markus Zürcher, *Unterbrochene Tradition. Die Anfänge der Soziologie in der Schweiz,* Zürich 1995, S. 242 ff. Zu Familiensoziologie und Königs eigener Familie siehe den in-

und nachkriegsbedingte Auflösungserscheinungen« als auch
durch einen »unverkennbaren Bedeutungsgewinn als Hort
des Rückzugs und Ausgleichs« gekennzeichnet war.[23] Dass
man an einem Strang zog, lässt sich nach Karl-Siegbert Rehberg »nicht verstehen ohne die Rahmenbedingungen der Formierung des ›Kalten Kriegs‹, vor allem aber nicht ohne die institutionelle Einbindung der Beteiligten, besonders ohne die
Schonräume und gegenseitigen Absicherungen durch rituelle
eingespielte ›Kollegialität‹.«[24]

Ab Mitte der 1950er gewinnen die feldspezifischen Dyna-
miken an Fahrt und es treten mit Absicherung und Ausbau
der Soziologie die Versuche zur Konturierung eigener Positionen sowie die damit verbundenen Distinktionen, Konkur-
renzen und Differenzen immer deutlicher hervor.[25] Die von
Anfang an latent bestehenden Unterschiede der Schulen in
der Beurteilung der Organisation und der Fundamente des

---

struktiven Beitrag von Oliver König, »Die Rolle der Familie in der
Soziologie unter besonderer Berücksichtigung der Familiensoziologie René Königs«, in: *Familiendynamik*, Heft 3, Juli 1996, S. 239–
267. Schelsky (*Wandlungen der deutschen Familie in der Gegenwart*,
Stuttgart 1953, S. 17) teilt Königs Grundkategorien der Familiensoziologie (Desintegration, Desorganisation). Siehe auch Michael
Klein (Hg.), *Themen und Konzepte der Familiensoziologie der Nachkriegszeit*, Würzburg 2006.

23  Eckart Conze, *Die Suche nach Sicherheit. Eine Geschichte der Bundesrepublik Deutschland von 1949 bis in die Gegenwart*, München
2009, S. 187. Die Kölner Tradition der Familiensoziologie wurde
dann insbesondere von Rosemarie Nave-Herz aufgegriffen, die auch
zur ersten Professorinnen-Generation in den Sozialwissenschaften
gehört; siehe auch Nave-Herz, »Biographische Notizen«, in: Ulrike
Vogel (Hg.), *Wege in die Soziologie und die Frauen- und Geschlechter-
forschung. Autobiographische Notizen der ersten Generation von Pro-
fessorinnen an der Universität*, Wiesbaden 2006, S. 17–22, hier S. 18 f.

24  Rehberg, »Auch keine Stunde Null«, a. a. O., S. 39.

25  Vgl. auch Karl-Siegbert Rehberg, »Deutungswissen der Moderne
oder ›administrative Hilfswissenschaft‹? Konservative Schwierigkeiten mit der Soziologie«, in: Papcke, *Ordnung und Theorie*, a. a. O.,
S. 7–47, hier S. 11 ff.

Faches (seien es philosophische, gesellschaftstheoretische
oder soziologische) gewinnen nun an Gewicht[26] und verdich-
ten sich spätestens seit Mitte der 1950er zu Kämpfen um De-
finitions- und Repräsentationsmacht. Im Zuge des Soziologentages 1959 brechen die Konflikte zwischen den Schulen
offen aus. Im Mittelpunkt stand in erster Linie das Verhältnis
zwischen Theorie und Empirie bzw. der Streit »zwischen der
›empirischen‹ und der ›kritischen‹ Sozialforschung, der dann
im Positivismusstreit einen etwas verqueren Niederschlag
fand.«[27] Adorno, der schon in den dreißiger Jahren der empirischen Sozialforschung skeptisch gegenüberstand[28], aber sie
durchaus auch in ihrem Potential für eine demokratische Erneuerung wahrnahm, sieht nun in der empirischen Sozialforschung nur noch ein »Korrektiv für die Theorie« und warnt
davor, dass die Sozialforschung zur Rechtfertigung der bestehenden Realität beitrage, da sich der antagonistische Charakter der Gesellschaft jeglicher quantitativer Erfassung ent-
ziehe.[29] König hingegen tritt für eine »bewußt als empirische
Einzelwissenschaft konzipierte Soziologie«[30] ein, die er ganz
in der Tradition Comtes und der Durkheim-Schule (und auch
gegen »rechte« Tendenzen gewandt) kritisch-reformerisch
als aufklärerisches Mittel für eine demokratische Gestaltung
der Gesellschaft betrachtet – Alphons Silbermann spricht in
einem König zum 60. Geburtstag gewidmeten Band von einem »militanten Humanismus«.[31] Mit seinem berühmten,

---

26    Rehberg, »Auch keine Stunde Null«, a. a. O., S. 39.
27    Albrecht, »Wie das IfS zur Frankfurter Schule wurde«, a. a. O., S. 178.
28    Vgl. Fleck, *Transatlantische Bereicherungen*, a. a. O., S. 284 ff.
29    Johannes Weyer, *Westdeutsche Soziologie 1945–1960. Deutsche Kon-
      tinuitäten und nordamerikanischer Einfluß*, Berlin 1984, S. 183. Vgl.
      auch Dahms, *Positivismusstreit*, a. a. O., S. 314 ff. sowie Sahner, *Theo-
      rie und Forschung*, a. a. O., S. 35 ff.
30    Lepsius, »Die Entwicklung der Soziologie«, a. a. O., S. 36
31    Alphons Silbermann (Hg.), *Militanter Humanismus. Von den Auf-
      gaben der modernen Soziologie*, Frankfurt am Main 1966, S. 15. Vgl.

an Durkheim orientierten Diktum von der Soziologie, »die
nichts als Soziologie ist«[32], grenzt sich König sowohl von den
sozialphilosophischen und gesellschaftstheoretischen Positionen der Frankfurter als auch von Schelskys »transzenden-
taler Theorie der Gesellschaft«[33] ab und skizziert damit ein
umfangreiches Programm: Soziologie sei »die wissenschaft-
lich-systematische Behandlung der allgemeinen Ordnungen
des Gesellschaftslebens, ihrer Bewegungs- und Entwicklungs-
gesetze, ihrer Beziehungen zur natürlichen Umwelt, zur Kultur im allgemeinen und zu den Einzelgebieten des Lebens und
schließlich zur sozial-kulturellen Person des Menschen.«[34]
Schelsky (und im gleichen Zug auch Gehlen) bescheinigt er
eine »Unkenntnis in den Techniken der Auswertung von Pri-
märmaterial«, was letztlich dazu führe, dass »Materialsamm-

---

auch René König, »Warum ich dieses Buch schrieb. Vorwort von
1974«, in: Ders., *Kritik der historisch-existenzialistischen Soziologie.
Ein Beitrag zur Begründung einer objektiven Soziologie*, München
1975, S. 9–19, hier S. 15. In einem Interview antwortet König, Soziologie sei eine kritische Wissenschaft. »Ich bin als kritischer Wissenschaftler verbeamtet worden.« (»›Tout va très bien …‹ René König
über Emigration und Nachkriegssoziologie im Gespräch mit Wolf
Schönleiter«, in: Wolfgang Blaschke et al. (Hg.), *Nachhilfe zur Erinnerung. 600 Jahre Universität zu Köln*, Köln 1988, S. 139–158, hier
S. 156.

32  René König, »Einleitung«, in: Ders. (Hg.), *Soziologie. Fischer-Lexikon*, umgearbeitete und erw. Neuausgabe, Frankfurt am Main 1967,
S. 8–14, hier S. 8.

33  Helmut Schelsky, *Ortsbestimmung der deutschen Soziologie*, Düssel-
dorf/Köln 1959, S. 95 ff.

34  Vgl. zu diesem Zitat und zur Abgrenzung zur Sozialphilosophie König, »Einleitung«, a. a. O., S. 8 ff. Zum Kontext des Diktums und dem
damit verbundenen Wissenschaftsverständnis: René König, *Soziologie in Deutschland. Begründer/Verfechter/Verächter*, München/Wien
1987, S. 13 f. Vgl. auch Albrecht, »Wie das IfS zur Frankfurter Schule wurde«, a. a. O., S 174 f., Sahner, *Theorie und Forschung*, a. a. O.,
S. 26 ff., Schäfer, »Soziologie auf dem Vulkan«, a. a. O., S. 380 ff. und
Dahms, *Positivismusstreit*, a. a. O., S. 315 ff. Lepsius, »Die Entwicklung der Soziologie«, a. a. O., S. 41 f.

lung einerseits und theoretische Doktrinenbildung andererseits ihren Weg mehr oder weniger unabhängig voneinander
gehen«.[35]

Nach Erwin Scheuch gilt König »in den fünfziger Jahren auch als der große Übermittler einer empirischen Sozialforschung auch quantitativer Art – obgleich er mit Statistik
für seine eigenen Arbeiten nicht viel anfangen konnte.« Deshalb liege Königs Bedeutung »für die sich wieder etablierende Soziologie in Deutschland« insbesondere in seiner Rolle »als Mittler der wichtigen Beiträge zur Soziologie aus dem
außerdeutschen Sprachbereich, als großer Übersetzer, weitgehend abgehoben von eigenen Präferenzen.«[36] In Absprache
mit Schelsky, der sich arbeitsteilig um die nationalen Belan-
ge kümmern soll,[37] versucht König seine internationalen Kontakte weiter auszubauen und die deutsche Soziologie zu inter-
nationalisieren. 1952/53 ergeben sich dank eines Stipendiums
der Rockefeller Foundation erste Kontakte zu den USA,[38]
durch die ihm und auch seinen Schülern Erwin K. Scheuch
und Peter Atteslander (neben der anglophonen Kulturanthropologie) »entscheidende Impulse« für die empirische Sozialforschung vermittelt werden.[39] Die »Amerikanisierung«,

---

35    René König, »Die deutsche Soziologie im Jahre 1955«, in: *KZfSS*,
      8. Jg., 1956, S. 1–11, hier S. 4. Einige Jahrzehnte später bezeichnet Kö-
      nig (in *Soziologie in Deutschland*, a. a. O., S. 418) Schelskys empiri-
      schen Ansatz als einen »Empirizismus«, der bloße »Materialsamm-
      lung im Dienste einer politischen Soziotechnik ohne den mindesten
      Ansatz zu einer theoretischen Durchleuchtung der Ergebnisse […]«
      sei.
36    Scheuch, »Soziologie in Köln«, a. a. O., S. 144.
37    Günther Lüschen, »25 Jahre deutscher Nachkriegssoziologie – Insti-
      tutionalisierung und Theorie«, in: Bernhard Schäfers (Hg.), *Soziolo-
      gie in Deutschland. Entwicklung, Institutionalisierung und Berufsfel-
      der. Theoretische Kontroversen*, Opladen 1995, S. 11–33, hier S. 20.
38    König, *Leben im Widerspruch*, a. a. O., S. 279 ff.
39    So Peter Atteslander, »Bruchstücke«, in: Christian Fleck (Hg.),
      *Wege zur Soziologie nach 1945. Biographische Notizen*, Opladen 1996,

befördert durch Königs internationale Kontakte und seine Beziehung zur UNESCO[40], geschieht hier ganz konkret im Sammeln von Forschungserfahrungen und im Austausch mit US-amerikanischen Kollegen. Das erwies sich für die Kölner insofern als ein Vorteil im soziologischen Feld, da einerseits das öffentlich-politische Interesse an empirischen Erhebungen zunahm, es jedoch an konkreten Forschungen und systematischen Lehrbüchern mangelte.

König genießt im Laufe der Zeit mehr und mehr international hohes Ansehen, er ist Mitbegründer der *International Association for Sociology* (ISA), organisiert als Sekretär der ISA den Weltkongress in Zürich 1950 (Thema: Sociological Research in its Bearing on International Relations)[41] und wird von 1962–1966 gar ihr Präsident.[42] Das alles trägt – trotz des

---

S. 161–183, hier S. 174. Scheuch war bereits vor König, dank der Empfehlung Leopold von Wieses, in den USA gewesen und hatte sich dort mit quantitativer Sozialforschung bestens vertraut gemacht. Vgl. Erwin K. Scheuch, »Es mußte nicht Soziologie sein, aber es war besser so«, in: Fleck, *Wege*, a. a. O., S. 199–219, hier S. 206 f.; s. a. Ute Scheuch, *Erwin K. Scheuch – Eine Biographie. Band I. Es mußte nicht Soziologie sein, aber es war besser so. Mit einem Nachwort von Peter Atteslander*, Bad Schussenried 2008, S. 94 ff.

40    Zum UNESCO-Institut in Köln siehe den späteren Abschnitt zu Erwin K. Scheuch.

41    Wie die ISA-Akten zum Kongress zeigen, kann er hier (bereits vor seiner USA-Reise) die international wichtigsten zeitgenössischen Sozialwissenschaftler kennenlernen und mit ihnen Kontakte knüpfen (siehe Folder 80 ISA-Archives, International Institute of Social History (Amsterdam)).

42    Auch bei weiteren Vorbereitungen von ISA-Weltkongressen ist König organisatorisch tätig und im Vorstand aktiv. Zudem bemüht er sich tatkräftig um die Einbindung von »Ostblockländer« in die ISA. Siehe zur ISA auch Kurt Jonassohn, »Einige Tendenzen in der Geschichte der ›International Sociological Association«, in: Heine von Alemann/Hans Peter Thurn (Hg.), *Soziologie in weltbürgerlicher Absicht. Festschrift für René König*, Opladen 1981, S. 395–407; Jennifer Platt, *A Brief History of the ISA: 1948–1997*, Montréal 1998,

Rückzugs aus dem Vorstand der DGS[43] – zur Stärkung seiner Stellung in der westdeutschen Soziologie und der Formierung der Kölner Schule bei, zusätzlich befördert durch die Übernahme der Herausgabe der *Kölner Zeitschrift für Soziologie* im Jahr 1955. Peter Atteslander schreibt rückblickend über die 1950er Jahre: »Ich habe Köln und die damalige Soziologie als Aufbruch erlebt. Nicht wenigen meiner damaligen Kollegen würde ich ein besonderes Maß an Compassion zubilligen wollen. Nicht nur für die Soziologie und um der Soziologie willen, sondern Compassion für eine zivile Gesellschaft, für Demokratie.«[44]

Zum offenen Bruch mit Schelsky kommt es um 1960.[45] Zuvor schon hatte Schelsky die »Auseinandersetzung mit der remigratorischen Wissenschaft in Deutschland« vorausgeahnt[46] und Schüler von König hatten Schelsky offen in Rezensionen kritisiert: »Als wir Schelsky allerdings in einem Buch ein Weiterwirken von NS-Ideologien bei ihm nachsagten[47], verlangte

---

S. 17. Im Zeitraum seiner Präsidentschaft sind u. a. Herbert Blumer, Raymond Aron, Stein Rokkan und Jan Szcepanski im Exekutivkomitee der ISA.

43   Vgl. etwa die Briefe zwischen König und Stammer sowie zwischen König und Adorno in König, *Briefwechsel, Bd. 1*, a. a. O., S. 409 ff. bzw. S. 521 ff.

44   Peter Atteslander, »Soziologische Orientierung. Verantwortung und Ohnmacht der Sozialwissenschaft«, in: Karl Martin Bolte/Friedhelm Neidhardt (Hg.), *Soziologie als Beruf. Erinnerungen westdeutscher Hochschulprofessoren der Nachkriegsgeneration, Sozial Welt Sonderband 11*, Baden-Baden, S. 131–149, hier S. 141.

45   Vgl. auch Gerhard Schäfer, »Machtkämpfe im Feld der Soziologie – René König und Helmut Schelsky«, Vortrag vor der René-König-Gesellschaft, unveröffentl. Ms., Bremen 1999.

46   In einem Brief an Carl Schmitt vom 28.9. 1950, wenige Wochen nach dem von König in Zürich organisierten Weltkongress der ISA (Quelle: Schäfer, »Machtkämpfe«, a. a. O., Fn. 27).

47   Es handelt sich um eine Kritik an dem von Schelsky herausgegebenen Band *Arbeiterjugend gestern und heute* (1955) von Scheuch in der KZfSS 8/1956, die als »Meinungsanalyse ehemaliger National-

Helmut Schelsky                                    Quelle: picture alliance

er unsere Entlassung – was als Indiz dienen mag, daß die Irritationsbereitschaft groß war. Sie bezieht sich vonseiten Königs auf die Bereitschaft Schelskys, die Sozialforschungsstelle Dortmund Leipziger Volkstumssoziologen, ja ausgesprochenen Rassisten wie Gunter Ipsen, Karl Valentin Müller und Karl Heinz Pfeffer zu öffnen – und aufseiten Schelsky gegenüber König auf dessen Unverständnis für Schelskys Gefolgschaftstreue.«[48] Wie Gerhard Schäfer herausgefunden hat, reicht der

---

sozialisten, die auf die gegenwärtige deutsche Jugend projiziert werde«, charakterisiert wird (König, *Soziologie in Deutschland*, a.a.O., S. 429). S. auch Scheuch, *Erwin K. Scheuch*, a.a.O., S. 180 ff. sowie Schelsky, Brief vom 17.10.1962, in König, *Briefwechsel, Bd. 1*, a.a.O., S. 194.

48  Scheuch, »Soziologie in Köln«, a.a.O., S. 152. Rehberg, »Auch keine Stunde Null«, a.a.O., S. 37 bezeichnet die Sozialforschungsstelle un-

Konflikt bis in die 1930er Jahre zurück. Höchst wahrscheinlich war es Schelsky selbst[49], der Königs *Vom Wesen der deutschen Universität* (1935) in *Offenes Visier. Kampfblatt des Gaustudentenbundes Sachsen der NSDAP* am 18. 11. 1935 kritisiert und ihn damit *contra voluntatem* in akute Lebensgefahr gebracht hat. Das Buch wird verboten. Dies bestärkt unter anderem[50] Königs schon seit einiger Zeit gefassten Entschluss zur Emigration, der dann Anfang 1937 im Kölner Karnevalstrubel in die Tat umgesetzt wird.[51]

---

ter der Leitung von Schelsky auch als »›Waschanlage‹ für NS-belastete Soziologen«.

49    Siehe dazu die Hinweise in Anm. 3 in Michael Neumann/Gerhard Schäfer, »›Blick nach vorn‹: Ein Gespräch mit René König«, in: *Jahrbuch für Soziologiegeschichte 1990*, hg. von Heinz-Jürgen Dahme et al., Opladen 1990, S. 219–238, hier S. 238. Ferner Gerhard Schäfer, »Machtkämpfe«, a. a. O., S. 5 f. (insbesondere auch die Belege in Fn. 14), wo es ferner heißt: »Das für den späteren Anti-Soziologen Schelsky so charakteristische Motiv ist die entscheidende Invektive gegen die liberal-konservative Interpretation des Humboldt'schen Reformprojekts und ihrer Verteidigung gegenüber den faschistischen Subordinationsansprüchen, wie König selbst auch die Absicht seines Buches später umschrieb.«

50    Neben dem Verbot und den nächtlichen Gestapo-Besuchen (vgl. René König, »Vor der Emigration«, in: Ders., *Autobiographische Schriften, Schriften Bd. 18*, hg. von Mario und Oliver König und mit einem Nachwort versehen von Oliver König, Opladen 1999, S. 350–358, hier S. 355 ff.) gehört zu den Gründen etwa auch, dass die Habilitation in Berlin nicht mehr hat realisiert werden können. Siehe zur Habilitation und zu deren Entstehung, mitsamt den widersprüchlichen »völkischen Anklängen«, die aufschlussreiche Rezension von Clemens Albrecht, »Literaturbesprechung«, in: *KZfSS*, 54, H. 1, 2002, S. 163–166.

51    Vgl. König, »Vor der Emigration«, a. a. O., S. 357 f.; Ders., *Leben im Widerspruch*, a. a. O., S. 99 ff.; Ders., *Soziologie in Deutschland*, a. a. O., S. 412; Rolf Ziegler, »In memoriam René König. Für eine Soziologie in moralischer Absicht«, in: König, *Soziologe und Humanist*, a. a. O., S. 20–32, hier S. 23. Vgl. auch Richard Albrecht, »René König. Einmal Emigrant, immer Emigrant«, in: *Soziologie heute*, Heft 10/April 2010, S. 30–33.

Ausgangspunkt des Konflikts mit Schelsky in den 1960ern, der im Kontext des »Bürgerkriegs in der Soziologie«[52] steht, ist ein Tagungsvorhaben (und die damit eigentlich verbundene westdeutsche Institutionalisierung) des 1949 von Corrado Gini wieder zum Leben erweckten Institut International de Sociologie (IIS), das 1958 in Konkurrenz zur Deutschen Gesellschaft für Soziologie (DGS) seinen 18. Kongress in Nürnberg abhalten wollte. Der deutschen Sektion des IIS gehörten insbesondere Personen an, »die während des Dritten Reiches in Deutschland akademische Positionen innegehabt hatten [...]. So aktualisierte sich Ende der fünfziger Jahre eine Front zwischen Emigranten und den in Deutschland im Amt Verbliebenen, die im Laufe der Zeit wieder in ihre Beamtenrechte eingesetzt worden waren, so etwa Karl Valentin Müller in Nürnberg, Karl Heinz Pfeffer, Gunther Ipsen und Hans Freyer in Münster.«[53] Zusammen mit dem damaligen DGS-Vorsitzenden Helmuth Plessner versuchte König den Kongress gegen den Protest Schelskys zu verhindern.[54] Schelsky erklärte schließlich im April 1959 seinen Rücktritt aus dem DGS-Vorstand,[55] neben den genannten Gründen auch aus (dann

Helmuth Plessner

---

52  Siehe dazu ausführlich Weyer, »Der ›Bürgerkrieg in der Soziologie‹«, a. a. O. sowie Ders., *Westdeutsche Soziologie*, a. a. O., 79 ff.

53  Lepsius, »Die Entwicklung der Soziologie«, a. a. O., S. 43.

54  Vgl. Weyer, *Westdeutsche Soziologie*, a. a. O., S. 83. Vgl. auch Carola Dietze, *Nachgeholtes Leben. Helmuth Plessner. 1892–1985*, Göttingen 2006, S. 471 ff.

55  Schelsky an Plessner am 2. April 1959 in König, *Briefwechsel, Bd. 1*, a. a. O., S. 306 ff. Unmittelbarer Anlass ist die im Vorfeld des Soziologentags 1959 von Plessner veranlasste Umverlegung des Vortrags von Schelsky an den Schluss, die jedoch wohl weniger der direkte Auslöser für den Rücktritt ist; dieser stellt vielmehr eine letzte Konsequenz aus Schelskys Enttäuschungen »in der Angelegenheit des Nürnberger Kongresses« und den »deprimierenden Verärgerungen« »dieser Art von Verbandspolitik« (S. 307) dar.

Forschungsinstitut für Sozial- und Verwaltungswissenschaften
an der Universität Köln · Soziologische Abteilung

Direktor: Prof. Dr. René König

Herrn Professor
Dr. Helmuth Plessner

G ö t t i n g e n
Reitstallstr. 1                                    10.3.1958  DGfS.

Mein lieber Herr Plessner,

ich bin gut nach Köln zurückgekommen, obwohl es kaum so aussah;
denn kurz nach der Abfahrt begann ein schrecklicher Schneesturm,
der immer schlimmer wurde. Mein Züglein kam aber trotzdem durch,
wenn auch mit 1 1/2 Stunden Verspätung.

In der Eile des Abschieds habe ich vergessen, Sie zu fragen, ob
ich irgendeinen Bericht über unsere Sitzung in der Zeitschrift
bringen sollte, etwa in Protokollform. Wenn Sie das wünschen, würde
ich Sie bitten, mir das Manuskript baldigst zu schicken, da die
erste Nummer dieses Jahrgangs bereits im Druck ist. Falls nein,
lassen Sie die Sache einfach fahren.

Ich freue mich übrigens, daß es gelungen ist, eine Einstimmigkeit
der Entscheidung zu erreichen, trotz der sehr merkwürdigen Politik von Schelsky, die Dinge immer zu verharmlosen. Den Text unseres
Rundschreibens finde ich sehr gut. Ich würde es für richtig halten,
daß er ausserdem an die Stellen gesandt wird, von denen wir wissen,
daß K.V. Müller bei Ihnen vorstellig geworden ist in seiner berühmten unklaren Weise. Dazu würde ich auch rechnen den Rektor
Schober in Nürnberg, den Oberbürgermeister Dr. Urschlöchter (ich
bin plötzlich nicht mehr ganz sicher, ob das der richtige Name ist;
bei dem komischen Klang des Namens ist es vielleicht besser, Sie
erkundigen sich vorher nochmals). Dann sollte das Schreiben auch
gehen an den Herrn Bundespräsidenten, an Herrn Ministerialdirigent
Hans Bott (Präsidentialkanzlei), an Professor Dr. Hübinger (Bun-
desinnenministerium), an Professor Erhard und ans Auswärtige Amt.
Ich könnte mir denken, daß das seine Wirkung tun wird. Im übrigen
werde ich Ihnen in den nächsten Tagen ein Dokument anfertigen, in
dem Sie alle Auskünfte über Corrado Gini finden, die Sie benötigen.
Man weiss nicht, wozu das gut ist.

Eine amüsante Sache für Sie: wir sassen nachher noch einen Moment
zusammen und tranken ein Glas Bier. Dabei sagte mir Schelsky, ich
solle doch nicht nur gegen Leute auftreten, die ehemalige Nationalsozialisten seien, sondern auch gegen ehemalige Kommunisten. Wen
er meinte, ist ja wohl klar, nämlich Teddy Adorno und Horkheimer.
Im übrigen ist dieses Ansinnen schon mehrfach an mich herangetragen
worden, so daß ich mich wahrscheinlich eines Tages genötigt sehen
werde, darauf hinzuweisen, daß der Ausgangspunkt von Marx ein
humanistischer war, der des Nationalsozialismus jedoch nicht.

Köln-Lindenthal, Meister-Ekkehart-Straße 11 · Fernsprecher 41231/409

- 2 -

Brief von René König an Helmuth Plessner vom 10.3.1958
(Quelle: Bundesarchiv, BArch B 320/40)

enttäuschten) Ambitionen, selbst Präsident der DGS zu werden.[56] Die Spitze der Auseinandersetzung und das Ende der bis dahin im persönlichen Umgang eher wertschätzenden Kooperationsbeziehung war jedoch die Berufung des – wie Schelsky selbst sagte – »überzeugten Nazis« Karl-Heinz Pfeffer nach Münster – mit der Unterstützung Schelskys.[57] Königs Versuche[58], den Vorstand der DGS dazu zu bringen, sich gegen die Berufung Pfeffers einzusetzen, liefen ins Leere. »Bis zum Tode der Protagonisten schwelte der Konflikt, wobei König mit Bitterkeit das weitgehende Fehlen kollegialer Unterstützung registrierte.«[59] So auch noch 1988 in einem Interview mit Michael Neumann und Gerhard Schäfer:

»Es gab damals viel Krach, vor allem wegen Frau Noelle-Neumann und anderen […]. Ich galt als der Querulant, während es über die verehrliche Frau Noelle-Neumann hieß, sie sei in Amerika gewesen. Ja sicher, sie war in Amerika. Wer aber bekam denn damals ein Stipendium von der Deutschen Forschungsgemeinschaft, der nach Amerika wollte? Nur ein ausgewiesener Nazi, andere kamen gar nicht in Frage, so kam Frau Noelle-Neumann nach Amerika, nicht, weil die Amerikaner sie gerufen hatten, wie sie so unterstellt, die wußten gar nicht, wer sie war. Sie wissen es auch heute noch nicht und wollen es auch gar nicht wissen. Das gehört zu den Dingen, die für mein Leben nicht zu überwinden sind.«[60]

---

56  Vgl. Dietze, *Nachgeholtes Leben. Helmuth Plessner*, a. a. O., S. 474 f. 1961 versuchte Schelsky Vorsitzender der DGS zu werden, hatte aber keine Mehrheit (vgl. M. Rainer Lepsius, »Vorstellungen von Soziologie«, in: Bolte/Neidhardt, *Soziologie als Beruf*, a. a. O., S. 209–231, hier S. 219).

57  Weyer, »Der ›Bürgerkrieg in der Soziologie‹«, a. a. O., S. 302; Ders., *Westdeutsche Soziologie*, a. a. O., S. 85; dazu auch König, *Soziologie in Deutschland*, a. a. O., S. 421 f.

58  Vgl. König, *Briefwechsel*, Bd. 1, a. a. O., S. 187 ff.

59  Scheuch, »Soziologie in Köln«, a. a. O., S. 154.

60  Neumann/Schäfer, »›Blick nach vorn‹: Ein Gespräch mit René König«, a. a. O., S. 237. Allerdings – so muss man Königs Bild etwas

Dass Schelsky dann 1960 den Ruf auf eine Professur in Münster erhielt, inklusive des Direktorenpostens der Sozialforschungsstelle Dortmund, kam ebenso wie der Einfluss Schelskys auf die Gründung der Universität Bielefeld zur Verbitterung Königs dazu.[61] Den Anfang 1980 erfolgten Annäherungsversuch des stets auf öffentliche Wirksamkeit bedachten Schelsky, über die Soziologiegeschichte der Nachkriegssoziologie eine »fachliche Kontroverse zu inszenieren«, ähnlich – wie er schreibt – den »öffentlich inszenierten Shows« zwischen Adorno/Popper und Habermas/Luhmann,[62] lehnt König, dem zufolge Schelskys »weltanschaulich-politische Deklamationen [...] heute noch den deutschen Büchermarkt wie eh und je verstopfen«[63], ab.

---

relativieren –, gingen eine Menge Rockefeller Fellows von 1925 bis 1940 in die USA und Noelle hatte eher eine Art minderwertiges Stipendium an einer drittklassigen Universität. Diesen Hinweis verdanke ich Christian Fleck. Zu Noelle siehe auch die Briefe zwischen Plessner und König im SAK (Signatur DE-SAK-B1-2282) sowie König, *Briefwechsel, Bd. 1*, a. a. O., S. 266 ff.

61  Vgl. König in Neumann/Schäfer, »›Blick nach vorn‹«, a. a. O., S. 224 f. Schelsky bemerkt im Oktober 1962: »Ich gestehe Ihnen offen, daß ich bis heute nicht weiß, weshalb Sie seit meiner Berufung nach Münster so aggressiv gegen mich eingestellt sind [...].« (Schelsky, Brief vom 17.10.1962, in: König, *Briefwechsel, Bd. 1*, a. a. O., S. 195. – König zwei Tage später: »ich bin auch nicht gegen Sie aggressiv gewesen, wie Sie meinen, sondern habe mich nur verteidigt gegen Angriffe von Ihrer Seite, bestimmte Dinge in der Bundesrepublik zu monopolisieren.« (König, Brief vom 19.10.1962, in: König, *Briefwechsel, Bd. 1*, a. a. O., S. 196.)

62  Helmut Schelsky, Brief vom 1.2.1980, in: König, *Briefwechsel, Bd. 1*, a. a. O., S. 204. Zu den soziologischen Kontroversen in der deutschsprachigen Soziologie siehe Kneer/Moebius, *Soziologische Kontroversen*, a. a. O.

63  René König, »Neues über Durkheim«, in: Ders., *Émile Durkheim zur Diskussion. Jenseits von Dogmatismus und Skepsis*, München/Wien 1978, S. 308–332, hier S. 309.

Inzwischen hatte König eine ganze Reihe an Schülern in Köln um sich geschart: Peter Heintz und Peter Atteslander (beide noch aus der Schweiz), Erwin K. Scheuch, Dietrich Rüschemeyer, Fritz Sack, Hansjürgen Daheim, Hans-Joachim Hoffmann-Nowotny, Wolfgang Sodeur, Rolf Ziegler, Karl-Dieter Opp und Hans Joachim Hummell.[64] Selbst nicht quantitativ forschend, förderte (und brauchte) er Schüler wie Scheuch, Atteslander oder Heintz, die dann die empirische Sozialforschung *made in Köln* beherrschten und vorantrieben. »Er hatte eine ganze Reihe von Scheuchs«.[65]

In den 1960ern nimmt die Kölner Soziologie weiter schärfere Konturen an. Hierfür ist nicht nur Königs verstärkte Hinwendung zur internationalen Soziologie verantwortlich. Seinem Assistent Erwin K. Scheuch gelingt mit einem Ruf nach Harvard ebenfalls der große »Durchbruch in die Internationalität«.[66] 1964 aus den USA auf einen Lehrstuhl für Soziologie in Köln zurückgekehrt, gründet Scheuch dort 1965 das Institut für international vergleichende Sozialforschung (seit 1974 Institut für Angewandte Sozialforschung). Zu den Spannungen zwischen den Schulen im soziologischen Feld gesellen sich nun weitere inner-schulische Konflikte: Neben dem Bruch mit Peter Heintz, auf den später noch eingegangen wird, kommt es im Zuge der 68er-Ereignisse mehr und mehr

---

64  Erwin K. Scheuch, »Wissenschaft – Anwendung – Publizistik: Drei Leben als Sozialwissenschaftler«, in: Bolte/Neidhardt, *Soziologie als Beruf*, a.a.O., S. 233–266, hier S. 241. Natürlich haben noch mehr bekannte Sozialwissenschaftlerinnen und Sozialwissenschaftler bei ihm studiert, die hier alle nicht namentlich genannt werden können. Hier sei auch auf die René-König-Gesellschaft verwiesen (www.rene-koenig-gesellschaft.de).

65  Peter Atteslander in einem unveröffentlichten Interview mit Karl-Siegbert Rehberg am 7. Februar 2011 (Projekt »Audio-visueller Quellenfundus zur deutschen Soziologie nach 1945« (Rehberg/Fischer/Moebius).

66  So die entsprechende Kapitelüberschrift in Ute Scheuch, *Erwin K. Scheuch*, a.a.O., S. 314 ff.

zur Entfremdung zwischen König und Scheuch.[67] »König war von der sogenannten Studentenrevolte emotional bewegt, weil für ihn Jugend keine Altersbezeichnung war, sondern eine moralische Kategorie«, so Scheuch im Rückblick.[68] König, selbst einmal jugendbewegt, sympathisierte mit den Studierenden,[69] während sich Scheuch vom einst »liberalen Idol der Kölner Studenten«[70] und engagierten Protestler gegen die Notstandsgesetze zum entschiedenen Gegner der Studierendenbewegung entwickelte[71] und die Soziologie in Köln

---

67    Eine Rolle spielte dabei auch die »Affäre Kaupen-Haas«. Scheuch wollte dem Soziologen-Ehepaar Wolfgang Kaupen und Heidrun Kaupen-Haas den Lehrauftrag nicht verlängern, da in sie der »heilige Marx« gefahren sei. König »stellte sich öffentlich gegen Scheuch, selbst der RCDS setzte sich dafür ein, dass Kaupen-Haas die Lehraufträge wieder bekamen.« (Georg Althoff/Wolfgang Blaschke, »Erwin K. Scheuch oder die ›Kölner Soziologie‹ als Hüter von Recht und Ordnung«, in: Wolfgang Blaschke et al. (Hg.), Nachhilfe zur Erinnerung. 600 Jahre Universität zu Köln, Köln 1988, S. 185–198, hier S. 188). Siehe auch Ute Scheuch, Erwin K. Scheuch im roten Jahrzehnt, Bergisch Gladbach 2008, S. 123–158. Im selben Zug wie die Entlassung Kaupens hat Scheuch hat auch den Rausschmiss von Michael Klein von König gefordert.

68    Scheuch, »Soziologie in Köln«, a. a. O., S. 155.

69    In einem Brief an Scheuch im Zusammenhang mit der »Kaupen-Affäre« verteidigt König die intellektuelle Unabhängigkeit der Schüler und Studierenden: »Wenn die Soziologie in Köln einen intellektuellen Respekt hat, so liegt das gerade daran, dass sehr viel jüngere Leute bei uns sich entwickeln können; hingegen steht ebenso fest, dass durch Deine gelegentlichen Extratouren dieser intellektuelle Respekt sehr häufig außerordentlich belastet wird. Ich würde empfehlen, inskünftig weniger andere zu denunzieren als vielmehr an die Wirkung Deiner eigenen Eskapaden zu denken« (Zitiert nach Ute Scheuch, Erwin K. Scheuch im roten Jahrzehnt, a. a. O., S. 125).

70    So ein SDS-Flugblatt 1968; zu Scheuchs Rolle – natürlich nicht ganz unvoreingenommen: Ute Scheuch, Erwin K. Scheuch im roten Jahrzehnt, a. a. O., S. 5.

71    Vgl. auch das von Scheuch herausgegebene Buch Die Wiedertäufer der Wohlstandsgesellschaft. Eine kritische Untersuchung der ›Neuen Linken‹ und ihrer Dogmen, Köln 1968.

in den Augen ihrer Kritiker immer mehr zum »Bollwerk gegen progressive Vorstellungen« avancierte.[72]

Es ist in den Folgejahren weniger Königs »militanter Humanismus« als vielmehr Scheuchs Auffassung von Soziologie und dessen »Liberalkonservativismus«[73], der die Wahrnehmung der Kölner Schule – auch in Retrospektiven und soziologiehistorischen Darstellungen – lange Zeit prägen wird. »In dem Teil der Öffentlichkeit, der sich für die 68er Kulturrevolution interessierte, war die ›Kölner Schule‹ der Soziologie der extreme Gegenpol zur sogenannten Frankfurter Schule. Kölner Schule, das sollte in den Klischees der Zeit stehen für positivistisches Denken, Gleichgültigkeit gegenüber der jeweils thematisierten Betroffenheit des Tages, Feindschaft gegen utopisches Denken, Festhalten an einer Universität der Professoren und Verteidigung der westlichen Gesellschaft.«[74] Dass damit Königs gesellschaftspolitisches Engagement, die von ihm vertretenen Theorietraditionen, seine Auffassung von Soziologie als »kritischer Wissenschaft«, sein spezifisches Verständnis von Positivismus[75] und Empirie sowie seine Kri-

---

72  Althoff/Blaschke, »Erwin K. Scheuch oder die ›Kölner Soziologie‹«, a. a. O., S. 185–198, hier S. 185. Es gab jedoch auch ausgesprochen Linke unter den Schülern wie die erwähnten Kaupen-Haas.

73  Vgl. Riccardo Bavaj, »Verunsicherte Demokratisierer. ›Liberal-kritische‹ Hochschullehrer und die Studentenrevolte von 1967/1968«, in: Dominik Geppert/Jens Hacke (Hg.), *Streit um den Staat. Intellektuelle Debatten in der Bundesrepublik 1960–1980*, Göttingen 2008, S. 151–168.

74  Scheuch, »Wissenschaft – Anwendung – Publizistik«, a. a. O., S. 253; siehe auch Althoff/Blaschke, »Erwin K. Scheuch oder die ›Kölner Soziologie‹«, a. a. O., S. 185.

75  »Diesen Positivismus, für den man mich manchmal verantwortlich macht, habe ich nie geteilt, und wer das sagt, hat nie eine Zeile von mir gelesen. Außerdem ist der moderne Positivismus etwas ganz anderes als der französische Positivismus, aus dem ich komme. Bei Auguste Comte heißt es: ›Positivism, c'est action‹, Positivismus heißt Handlung, ist also nicht Szientismus, also eine Vertrocknung in technischen und methodologischen Problemen, sondern genau

tik an der »Fliegenbeinzählerei« aus dem Blick geraten sind,[76] ist dabei nicht nur den spezifischen Kräfteverhältnissen, Diskursstrategien und Kontroversen im soziologischen Feld der Zeit geschuldet, in dem König etwa (über Durkheim) mit dem Bannstrahl des politisch höchst problematischen Positivisten belegt wurde,[77] sondern auch den diesem Verdikt folgenden Rezeptionslinien und soziologiegeschichtlichen Narrativen der folgenden Jahrzehnte.[78]

Nach dieser knappen Skizzierung des soziologischen Feldes mit seinen symbolischen Kämpfen, in dem sich König und die Kölner Soziologie seit Mitte der 1950er Jahre bis ca. 1970 befand,[79] sollen nun die Akteure und die zentralen soziologischen Ausrichtungen der Kölner Schule näher betrachtet wer-

---

umgekehrt, ist Reform, ist sogar gelegentlich Revolution allerdings mit rationalen Maßstäben [...].« René König im Gespräch mit Hans G. Oxenius, 7. März 1976, Sendereihe: Zeitfragen – Streitfragen, WDR III, in: René König, *Ich bin Weltbürger. Originaltonaufnahmen 1954–1980*, hg. von Jürgen Elias et al., Köln 2006, CD1, Track 3. Abschrift des Interviews auf www.rene-koenig-gesellschaft.de.

76  Vgl. dazu etwa König, »›Tout va très bien ...‹«, a. a. O., S. 156.

77  Vgl. Theodor Adorno, »Einleitung«, in: Émile Durkheim, *Soziologie und Philosophie*, Frankfurt am Main 1967, S. 7–44 sowie Lothar Peter, »Dialektik der Gesellschaft versus ›conscience collective‹? Zur Kritik Theodor W. Adornos an Émile Durkheim«, in: Tanja Bogusz/Heike Delitz, *Émile Durkheim. Soziologie – Ethnologie – Philosophie*, Frankfurt/New York 2013, S. 73–94. Hinzu kommt, dass die »Kölner« hinsichtlich des Publikationsmarktes im Gegensatz zu den »Frankfurtern« (Suhrkamp-Verlag) nicht über einen für sie engagierten Verlag verfügten.

78  Siehe etwa die im Vergleich zu Schelsky kurze Abhandlung Königs in Hermann Korte, *Einführung in die Geschichte der Soziologie*, 3. Aufl., Opladen 1995, S. 199, in der König gleichsam nur einen Unterpunkt in der Besprechung von Schelsky darstellt.

79  Die vorliegende Darstellung konzentriert sich auf die Jahre zwischen 1945 und Ende der 1960er/Anfang 1970er Jahre, in denen insbesondere die genannten drei Positionen, Kölner, Frankfurter Schule, Schelsky und sein Netzwerk sowie »der Mythos der Empirischen Soziologie« (Kruse) dominant waren. Zu dieser Einteilung siehe

den. Will man die Soziologie von König und seinen Schülern wirklich als Kölner »Schule« begreifen, was ja je nach Definition von Schule möglich wäre, allerdings unter den Akteuren selbst umstritten ist oder sogar abgelehnt wird – was vielleicht wiederum ein Hinweis darauf ist, dass »Schulen« nachträgliche Konstruktionen sind (dazu am Schluss mehr) –, so ließe sich ähnlich der Durkheim-Schule behaupten, es brauche ein Schuloberhaupt, eine spezifische »paradigmatische« Lehre bzw. ein Programm, eine Zeitschrift und eine sich mit der Lehre identifizierende Schülerschaft mit diffundierender Wirkung.[80]

René König 1949 in Zürich

---

auch Arian Leendertz, *Die pragmatische Wende. Die Max-Planck-Gesellschaft und die Sozialwissenschaften 1975–1985*, Göttingen 2010, S. 50 ff.

80  Hier folge ich zur Kennzeichnung einer Schule Vorschlägen und Hinweisen von Clemens Albrecht, Lothar Peter, Karl-Siegbert Rehberg und Gerhard Schäfer, denen an dieser Stelle herzlich gedankt sei. Insbesondere folge ich Lothar Peter, *Marx an die Uni. Die ›Marburger Schule‹. Geschichte, Probleme, Akteure*, Köln 2014, S. 9 ff. Vgl. auch Nicholas C. Mullins, »Ein Modell der Entwicklung soziologischer Theorien«, in: Wolf Lepenies (Hg.), *Geschichte der Soziologie. Studien zur kognitiven, sozialen und historischen Identität einer Disziplin, Bd. 2*, Frankfurt am Main 1981, S. 69–96, hier S. 82 ff. Im letzten Abschnitt des vorliegenden Werkes zu den »Wirkungen« wird die Definition von Schule im Zusammenhang mit der Frage, ob man denn überhaupt von einer Schule im Fall der »Kölner Schule« sprechen kann, wieder aufgegriffen, präzisiert und näher diskutiert.

## 2    Formierung und Profilierung der Kölner Schule

### 2.1 Das Schuloberhaupt: René König

»Köln war unter den Schulen in den 50er und 60er Jahren von Münster bis Berlin, Erlangen-Nürnberg, Freiburg, Göttingen, Hannover, Heidelberg, Kiel, Mannheim, Marburg, München bis Tübingen die am deutlichsten erkennbare Schule. Das war sowohl auf die Rigidität der Methodologie als auch auf den persönlichen Einfluß Königs zurückzuführen«, so Günther Lüschen in einem Rückblick auf fünfundzwanzig Jahre deutsche Nachkriegssoziologie.[81] Folgt man den Schülern Königs, war es insbesondere die Person, seine fachlichen Anregungen, seine moralische Orientierung, sein Kosmopolitismus und sein Charakter, besser noch: der Habitus Königs, der einen bleibenden Eindruck hinterließ. Er beeindruckte Scheuch »durch die Dynamik, als ein begnadeter Vortragender, als ein Mann mit einer erstaunlichen Bildung, vor allem aber auch als ein Kosmopolit, der allerdings als Emigrant Deutschland nicht sonderlich schätzte.«[82] Atteslander berichtet von Königs Wirkung in der Schweiz: »Keiner, soweit ich sehe, der nicht von der Soziologie eines René Königs für sein ganzes Leben geprägt wurde.«[83] Und von dessen Charisma: »[...] König war der Zauberer. Er hat uns alle begeistert. Er hatte auch immer volle Hörsäle, obwohl er nur Titularprofessor war und nie eigentlich einen Salär von der Universität hatte.«[84]

---

81    Lüschen, »25 Jahre deutsche Nachkriegssoziologie«, a.a.O., S. 21.
82    Scheuch, »Wissenschaft – Anwendung – Publizistik«, a.a.O., S. 237.
83    Atteslander, »Bruchstücke«, a.a.O., S. 172.
84    Peter Atteslander in einem unveröffentlichten Interview mit Karl-Siegbert Rehberg am 7. Februar 2011 (Projekt »Audio-visueller Quellenfundus zur deutschen Soziologie nach 1945« (Rehberg/Fischer/Moebius).

Um jene mit der sozialen Herkunft zusammenhängenden Einstellungen zu erfassen, die die soziale Praxis sowie die Beurteilungs- und Wahrnehmungsschemata Königs prägen, ist zunächst ein knapper Blick in die Biographie notwendig.[85] Einer Selbstbeschreibung zufolge ist ihm ein »kulturanthropologischer Relativismus«, die Erfahrung der »Mannigfaltigkeit von Kulturgestalten«, von Kind an eine »existenzielle Wirklichkeit«.[86] 1906 in Magdeburg geboren, wächst König als Sohn einer französischen Mutter und eines deutschen Vaters mit zwei Sprachen und in zwei Kulturen auf. Bedingt durch berufliche Reisen des Vaters lernt er als Kind noch italienisch und spanisch, später kommen neben lateinisch, griechisch und englisch noch türkisch, persisch und arabisch hinzu. Sein Hintergrund – in beiden Herkunftsfamilien – ist das »technisch-unternehmerische Milieu«[87], der Großvater väterlicherseits besitzt eine Maschinenfabrik und Eisengießerei, spezialisiert auf den Bau von Zuckerfabriken. Gemäß dieser »ersten Epoche des kapitalistischen Geistes«[88] ist die Beziehung zu den Arbeitern eher familiär, man duzt sich und lebt auf dem gleichen Grundstück, so dass König früh sowohl den Arbeitsalltag kennenlernt als auch die Distinktionsmuster zwischen den sozialen Klassen. Mit Ausbruch des Ersten Weltkriegs kommen dann auch die Konflikte zwischen den Kulturen hinzu: Diskriminierungserfahrungen als »Französling«, die König einen Teil seiner selbst »zu verteufeln und möglichst spurlos abzulegen« zwangen. »Ich reagierte spontan umgekehrt, stellte mich gewissermaßen mit dem Rücken

---

85  Siehe zur folgenden Biographie und zum Habitus von König auch Oliver König, »Die Rolle der Familie in der Soziologie«, a.a.O.

86  König, *Leben im Widerspruch*, a.a.O., S. 14.

87  Oliver König, »Nachwort«, in: René König, *Autobiographische Schriften, Schriften Bd. 18*, a.a.O., S. 429–450, hier S. 446 (im Folgenden abgekürzt als »Nachwort Bd. 18«).

88  Luc Boltanski/Ève Chiapello, *Der neue Geist des Kapitalismus*, Konstanz 2003, S. 54f.

zur Wand und begann, meine Umgebung scharf zu beobachten, weil ich plötzlich die Gewißheit bekam, daß ich von jetzt
an dauernd damit rechnen mußte, von irgendwelchen Seiten
her unvorstellbare Nackenschläge zu erhalten.«[89] Nach Angaben seines Sohnes Oliver König fließen beide Erfahrungen, »die frühe kulturrelativistische Erfahrung und die Notwendigkeit, den eigenen Standpunkt auch unter Belastungen
zu behaupten, […] als emotionale Haltung bzw. existenzielle Stellungnahme (Alfred Adler) unübersehbar und von ihm
auch oft betont in sein Wirken als Wissenschaftler ein.«[90]

Zu seiner Herkunft aus einer bürgerlichen Industriellenfa-
milie gesellt sich noch ein weiterer zentraler »Lebensaspekt«:
die Kunst, insbesondere Musik (nahezu die gesamte Familie
musizierte, König nahm Klavierstunden) und Malerei.[91] Mit
ausreichend Kunstverständnis und dem sozialen Kapital an
zahlreichen Künstlerbekanntschaften im Familienkreis aus-
gestattet, ist es König ein Leichtes, sich im Feld der Kunst zu
bewegen und legt es letztlich auch nahe, über dieses zu for-
schen.[92] Gepaart mit dem Kosmopolitismus Königs führt
diese Inkorporierung kulturellen Kapitals insgesamt zu ei-

---

89    König, *Leben im Widerspruch*, a. a. O., S. 15 f.

90    Oliver König, »Nachwort Bd. 18«, S. 434.

91    Vgl. René König, »Fragment aus der Familiengeschichte«, in: Ders.,
      *Autobiographische Schriften*, a. a. O., S. 331–343, hier S. 333 ff.

92    Siehe seine Doktorarbeit zur naturalistischen Ästhetik in Frankreich
      wie insgesamt sein Interesse an der Kunstsoziologie, das er mit Al-
      phons Silbermann teilte, vgl. etwa das Sonderheft 17 der *KZfSS*, 1974
      sowie die von ihm mitherausgegebene Reihe zu Kunst und Gesell-
      schaft im Enke Verlag. Siehe auch Hans Peter Thurn, »René König
      und die Kunst. Eine Skizze«, in: Heine von Alemann/Gerhard Kunz
      (Hg.), *René König. Gesamtverzeichnis der Schriften. In der Spiegelung
      von Freunden, Schülern, Kollegen*, Opladen 1992, S. 266–273 sowie
      Hans Peter Thurn, »Nachwort«, in René König, *Die naturalistische
      Ästhetik in Frankreich und ihre Auflösung. Schriften Bd. 1*, hg. und
      mit einem Nachwort versehen von Hans Peter Thurn, Opladen 1998,
      S. 249–266 sowie Stephan Moebius, »René König (1906–1992): Der

nem – nun gegen das familiäre Milieu gewandten – »bohème-haften Habitus«, der Oliver König zufolge später sowohl Mit-arbeiter wie Studierende gleichermaßen faszinieren (und verstören) wird.[93]

Den Ersten Weltkrieg und die Jahre bis 1922 verbringt König in Halle a. d. Saale. Isoliert und an den Rand gedrängt, durchlebt er in der Schule Erfahrungen der täglichen Diskri-minierung. »Vorurteile sind nicht nur eine Realität, sondern sie erregten schon früh in mir eine wahre Leidenschaft, wo immer ich konnte, auf ihre Überwindung hinzuwirken«, wird er später resümieren.[94] Halt gibt ihm in dieser Zeit die linke Variante des deutschen Wandervogels.[95]

1922 nach Danzig gezogen, schließt er dort das humanis-tische Gymnasium ab. Auch hier macht er Diskriminierungs-erfahrungen und nimmt, wie er selbst schreibt, die »Abscheu« gegen jeden Rassismus mit auf seinen Lebensweg.[96] In Danzig lernt er in der Person Richard Huelsenbecks auch die Sozial-figur des Intellektuellen kennen, die es zu verteidigen gelte:

»So fand ich meine Person plötzlich um eine unerwartete Dimension erweitert, von der ich allerdings bald spürte, daß sie für manche Leu-te einen eher anrüchigen Charakter hatte, mit dem ich eine neue Dis-kriminierung gegen mich herausforderte. Daran mußte ich jüngst wieder denken, als ich die haßerfüllten Ausführungen des deutschen

---

Weg über die Kunst zur (Kunst-)Soziologie«, in: Christian Steuer-wald (Hg.), *Klassiker der Soziologie der Künste*, Wiesbaden 2015 (i. E.).

93  Oliver König, »Nachwort Bd. 18«, S. 438.

94  Ebd., S. 18.

95  Ebd., S. 23. Zu René König im Wandervogel siehe Oliver König, »›Moralische Genesung‹ und ›ein gewisses Misstrauen‹. René König in Briefen und Erinnerungen über den Wandervogel«, in: Barbara Stambolis, *Jugendbewegt geprägt. Essays zu autobiographischen Tex-ten von Werner Heisenberg, Robert Jungk und vielen anderen*, Göttin-gen 2013 (i. E.).

96  König, *Leben im Widerspruch*, a. a. O., S. 44.

Soziologen Helmut Schelsky gegen ›die Intellektuellen‹ las. Wenn es etwas gibt, das dem ganzen Geist widerspricht, in dem die Soziologie einmal aufgebrochen ist, dann sollte es diese Art von Diskriminierung sein.«[97]

1925 verlässt er Danzig, um in Wien Philosophie, Psychologie und islamische Sprachen zu studieren. Hier ist insbesondere die Begegnung mit Charlotte Bühler zentral und das psychologische Institut, das sie leitete. König lernt dort auch Paul F. Lazarsfeld kennen.[98]

Im folgenden Jahr zieht er nach Berlin, wo er mit Unterbrechungen durch Aufenthalte in Paris und Sizilien zehn Jahre verbringen wird. Er studiert dort Philosophie, Kunst- und

Kulturwissenschaften, Romanistik und Ethnologie. Seine Lehrer sind unter anderem Max Dessoir, Eduard Spranger, Eduard Wechsler und Richard Thurnwald.[99] Er promoviert 1930 bei Max Dessoir mit einer kultur- und kunstsoziologischen Arbeit über *Die naturalistische Ästhetik in Frankreich und ihre Auflösung. Ein Beitrag zur systemwissenschaftlichen Betrachtung der Künstlerästhetik.* Lebendig vermittelt wird ihm die Ästhetik der Künstlerexistenz in der Berliner Bohème. Seine Soziologie nimmt von der Kunst und der Literatur

Max Dessoir

einen ihrer Ausgänge: mit der Soziologie und mit Karl Löwiths Sozialphilosophie des »Primat des Du« im Gepäck weiß sich König jedoch dem existenzialistischen Narzißmus, elitären Solipsismus und den selbstzerstörerischen Kräften der Bohème zu entziehen.[100]

---

97   Ebd., S. 36.
98   König, *Leben im Widerspruch*, a. a. O., S. 56 f.
99   Zu diesen für den Intellektuellen wie Soziologen König zentralen Jahren vgl. ebd., S. 61 ff. sowie König, *Soziologie in Deutschland*, a. a. O., S. 230 ff.
100   König, *Leben im Widerspruch*, a. a. O., S. 78 f.

Ganz zentral ist für ihn auch Thurnwald. Von jenem zu einem Paris-Aufenthalt bewegt, um dort über *Die neusten Strömungen in der gegenwärtigen französischen Soziologie* zu schreiben – ein Aufsatz, der dann 1931/1932 in Thurnwalds Zeitschrift *Völkerpsychologie und Soziologie* (später hieß sie *Sociologus*) erscheint, kommt König in Kontakt zur Durkheim-Schule, insbesondere zu Marcel Mauss.[101] Erstmals erschließt sich ihm diese sowie die für die französische Soziologie so typische enge Verbindung zwischen Soziologie und Ethnologie.[102] Im Winter 1932/1933 entsteht auf einem kleinen südfranzösischen Gutshof der Eltern das Manuskript *Die ›objektive‹ Soziologie Émile Durkheims*, mit dem er sich, unter anderem aufgefordert von Alfred Vierkandt, Werner Sombart, Max Dessoir und Wolfgang Köhler, zu habilitieren erhofft. Aber eine Habilitation über den reformerischen Sozialisten und Juden Émile Durkheim ist 1933 nicht mehr möglich, wie dem völlig perplexen König von mehreren Seiten zu verstehen gegeben wird.[103]

König veröffentlicht 1935 *Vom Wesen der deutschen Universität*.[104] In diversen Artikeln zum Thema in Zeitungen wie dem *Berliner Tageblatt* oder der *Kölnischen Zeitung* wandelt er zeitweise auf den Pfaden von Heideggers Rektoratsrede

---

101 Siehe den Brief von Mauss an König vom 3. Mai 1932, Stadtarchiv Köln; König, *Leben im Widerspruch*, a. a. O., S. 97 f.

102 König, *Leben im Widerspruch*, a. a. O., S. 91.

103 Vgl. René König, »Warum ich dieses Buch schrieb. Vorwort von 1974«, in: Ders., *Kritik der historisch-existenzialistischen Soziologie. Ein Beitrag zur Begründung einer objektiven Soziologie*, München 1975, S. 9–19, hier S. 9 f.

104 Nach Hans-Ulrich Wehler (*Eine lebhafte Kampfsituation. Ein Gespräch mit Manfred Hettling und Cornelius Torp*, München 2006, S. 47 f.) plante König dann mit diesem Buch zu habilitieren. Wie René König, *Briefwechsel Band 2/1 und 2/1*, hg. und mit einem Nachwort versehen von Mario König und Oliver König, Wiesbaden 2014, zeigt, gab es mehrere Pläne bei der Suche nach einem neuen Habilitationsthema. Diesen Hinweis verdanke ich Oliver König.

und rückt in die Nähe der Machthaber. Wie wohl seine spätere Position im soziologischen Feld ausgesehen hätte, wenn sein Plan, diese Artikel als *Gesammelte kulturpolitische Aufsätze* herauszugeben[105], realisiert worden wäre? Der Opportunismus stößt auf keine Erwiderung und findet ein schnelles Ende: »Auf völkische Anklänge ohne ihren Segen reagierten die Nazis aber besonders gereizt und warfen König in ihren Rezensionsorganen ›reaktionären Idealismus‹ vor.«[106]

Unter dieses Verdikt fällt auch der Berliner Verlag »Die Runde«, bei dem König seit 1932 Lektor ist. Finanziert von dem Studienfreund Gerhard Bahlsen, steht dieser Verlag dem »Dritten Humanismus« von Wolfgang Frommel nahe.[107] Hier erscheint auch Königs Universitätsbuch. Aufgrund der vermutlich von seinem späteren Kontrahenten Schelsky stammenden Kritik und des Verbots, die das Universitätsbuch – wie bereits erwähnt – auf sich zog, ist »an eine Habilitation

---

105  Vgl. Hans Peter Thurn, »Nachwort«, in: René König, *Vom Wesen der deutschen Universität, neu herausgegeben und mit einem Nachwort versehen von Hans Peter Thurn. Schriften Bd. 2*, Opladen 2000, S. 243–270, hier S. 259.

106  Albrecht, »Literaturbesprechung«, a.a.O., S. 166. Siehe auch Thurn, »Nachwort«, a.a.O., S. 259 ff. M. Rainer Lepsius bemerkt in einem unveröffentlichten Interview mit Karl-Siegbert Rehberg und Joachim Fischer vom 20. April 2010: »Er ist in Deutschland geblieben und hatte das Bemühen und die Hoffnung in Deutschland zur Habilitation zu kommen. In dieser Zeit liegen dann wohl auch diese opportunistischen Artikel, die man ihm viel später vorgehalten hat, er sei dann doch eigentlich ein Protofaschist gewesen. Ein Protofaschist, davon bin ich doch überzeugt, war er nicht, aber ein opportunistischer Zug wird man in diesen Artikeln erkennen können.« (Projekt »Audio-visueller Quellenfundus zur deutschen Soziologie nach 1945« (Rehberg/Fischer/Moebius)

107  König, *Leben im Widerspruch*, a.a.O., S. 112; Ders., »Der Verlag ›Die Runde‹«, in: Ders., *Autobiographische Schriften, Schriften Bd. 18*, a.a.O., S. 322–330. Zu Frommel siehe Ulrich Raulff, *Kreis ohne Meister. Stefan Georges Nachleben*, München 2009.

in Berlin nicht mehr zu denken«.[108] Auf dem Rückweg einer seiner Erholungsreisen nach Sizilien entschließt er sich, Deutschland zu verlassen und emigriert 1937 in die Schweiz. Er wollte sich nicht, »was nahe gelegen hätte, in das Land seiner Mutter, nach Frankreich absetzen, weil sein Vater dies als Affront gegen seine Heimat empfunden hätte. Da inzwischen der Zürcher Altphilologe Ernst Howald eine zustimmende Besprechung des Universitätsbuchs veröffentlicht hatte, nahm er mit diesen Kontakt auf und erschloss sich so den Weg in die Schweiz.«[109] Er bringt dort seine Habilitationsschrift »in die jetzige Form«, das heißt, er nimmt das ältere Durkheim-Manuskript von 1933 und verknüpft es mit einer Kritik an der historisch- (und nun auch)[110] existenzialistischen Soziologie. Anfang 1938 habilitiert er sich damit in Zürich.[111]

»Zu den Bürden seiner dortigen (und aller späteren) Existenz gehört das Trauma, das er mitbrachte: sein kurzfristiges Schwanken zwischen Demokratie und Diktatur. Zwar gelang es ihm, sich politisch und intellektuell von den Fesseln jenes nationalen Konservativismus zu befreien, der ihn in jungen Jahren gefangen hielt. Er wurde jener

---

108  Albrecht, »Literaturbesprechung«, a. a. O., S. 166.

109  Hans Peter Thurn, »Metaphern und Mythen der Macht. Zu René Königs Machiavelli-Deutung. Nachwort«, in: René König, *Niccolò Machiavelli. Zur Krisenanalyse einer Zeitenwende, Schriften Bd. 4,* neu hg. und mit einem Nachwort versehen von Hans Peter Thurn, Wiesbaden: Springer VS, S. 279–324, hier S. 283. »Eine Emigration nach Frankreich mit beschleunigter Einbürgerung wäre für mich grundsätzlich möglich gewesen, aber sie hätte auch eine Entscheidung gegen meinen Vater und damit gegen Deutschland bedeutet.« (König, *Leben im Widerspruch,* a. a. O., S. 107)

110  Vgl. dazu Albrecht, »Literaturbesprechung«, a. a. O., S. 166. Vorher sollte die Fundamentalontologie noch einer Grundlegung der Soziologie dienen; durch die Erfahrungen mit den Nazis stellte er nach Albrecht auf Durkheim als Grundlegung um und die Habilitationsschrift transformierte so zu einer Kritik nicht nur der historischen, sondern auch der existenzialistischen Soziologie.

111  König, »Warum ich dieses Buch schrieb«, a. a. O., S. 10.

unbestechliche Demokrat und kontaktfreudige Kosmopolit, als den ihn Freunde und Mitarbeiter, Kollegen wie Studenten kennenlernten und schätzten. Doch fiel ihm der psychische Umgang mit der einstigen Ambivalenz nicht im gleichen Maße leichter. Da seine Scham Schweigen gebar, schmerzte die Wunde unter der Oberfläche anstatt zu heilen. Für diese Verdrängung, zu der auch die Abkehr von den Gefährten (und Zeugen) jener Zeit gehörte, zahlte René König einen herben Preis. Wie unter dem Trauma selbst litt er unter seinem Umgang mit ihm und beschwerte sich derart sein ›Leben im Widerspruch‹.«[112]

Mit der *venia legendi* in Philosophie unter besonderer Berücksichtigung der Soziologie begann König in Zürich zu lehren.[113] Existenziell aber blieb seine Situation schwierig, da er neben den Einnahmen von Übersetzungen und Rezensionen, durch die er zudem an die fremdsprachige Literatur kam, bis nach Kriegsende, als er zum Honorarprofessor ernannt wurde, nur davon lebte, was ihm die Studierenden zahlten.[114] Trotz seiner Liebe zu Zürich und seinen Anstren-

---

112  Thurn, »Nachwort«, a. a. O., S. 265.

113  Vgl. dazu Stephan Moebius, »René Königs Züricher Vorlesungen (1938–1952)«, in: *Zyklos. Jahrbuch für Theorie und Geschichte, Band 1*, hg. von Klaus Lichtblau, Martin Endreß und Stephan Moebius, Wiesbaden 2014, S. 251–282. Dank der Unterstützung der Fritz-Thyssen-Stiftung können nun zentrale Manuskripte der Zürcher Vorlesungen in einem von mir geleiteten Editionsprojekt einer interessierten Öffentlichkeit zugänglich gemacht werden. Die Vorlesungen zeigen deutlich, dass König hier bereits zahlreiche seiner Themen, für die später bekannt und geschätzt wurde, ausarbeitet.

114  König, *Leben im Widerspruch*, a. a. O., S. 122, 137 ff. Siehe auch René König, »Identität und Anpassung im Exil«, in: Max Haller et al. (Hg.), *Kultur und Gesellschaft. Verhandlungen des 24. Deutschen Soziologentags, des 11. Österreichischen Soziologentags und des 8. Kongresses der Schweizerischen Gesellschaft für Soziologie in Zürich 1988*, Frankfurt am Main/New York 1989, S. 113–126, hier S. 118. Zu Königs Zürcher Zeit und den dortigen Diskriminierungserfahrungen siehe insgesamt die instruktive Analyse von Zürcher, *Unterbroche-*

gungen, dort Fuß zu fassen, wurde er diffamiert und stets als Fremder behandelt, nach Atteslander ein prägendes Grundmotiv des Habitus von René König.[115] Bereits in den Kindheitserfahrungen angelegt, avanciert dieses Motiv, verstärkt durch das »Trauma der Emigration«, die »das Werk als Ganzes« durchzieht, »zum Zentrum seiner Selbstdeutung«.[116] Dabei begegnet ihm nach Atteslander ein ambivalentes Zürich, auf der einen Seite das kleinliche, merkantile, auf der anderen Seite das geistig liberale, mit dem er sich »bis zum Ende seines Lebens« verbunden fühlt.[117] Er ist nicht der unnahbare Professor, sondern geht mit den Studierenden im Zürisee baden oder ins Kino; für die ausländischen Studierenden wird er zu einer Art »Integrationsfigur«.[118] So sammelt sich schon bald ein Kreis von Studierenden um ihn, die er tatkräftig fördert. Zu den Doktoranden und Habilitanden zählen etwa Ernest Zahn, Jiri Nehnevasja, Rinaldo Andina, Hansjürg Beck, Ernst Kux, Rolf Bigler, Jacob Taubes, Hans Weiss, Max Leutenegger, Clara Vontobel, Lucie Stampfli, Peter Atteslander und Peter Heintz.[119] Einige können ihre Arbeiten in Königs Reihe *Bei-*

---

ne Tradition, a. a. O., S. 239 ff.; vgl. auch Petro Morandi, »Soziologie in der Schweiz. Anmerkungen zu ihrer historischen Entwicklung im 19. und 20 Jahrhundert«, in: Acham et al. (Hg.), *Der Gestaltungsanspruch der Wissenschaft*, a. a. O., S. 259–292, hier S. 278 ff.

115  Peter Atteslander in einem unveröffentlichten Interview mit Karl-Siegbert Rehberg am 7. Februar 2011 (Projekt »Audio-visueller Quellenfundus zur deutschen Soziologie nach 1945« (Rehberg/Fischer/Moebius). Vgl. auch König, »Identität und Anpassung im Exil«, a. a. O., S. 113 ff.

116  Oliver König, »Nachwort Bd. 18«, S. 436.

117  Atteslander, »Bruchstücke«, a. a. O., S. 167 f.

118  Siehe dazu die Erinnerungen von Ernest Zahn, »Zwischen Zürich und Amsterdam: René König und mein eigener Weg«, in: Alemann/Kunz (Hg.), *René König. Gesamtverzeichnis der Schriften*, a. a. O., S. 278–283, hier S. 279.

119  Siehe König, *Leben im Widerspruch*, a. a. O., S. 139 f., Atteslander, »Bruchstücke«, a. a. O., S. 166 sowie Zürcher, *Unterbrochene Tradition*, a. a. O., S. 265.

*träge zur Soziologie und Sozialphilosophie* veröffentlichen. Atteslander berichtet von der Zeit:

»Wir wuchsen in einer verschworenen Bande zusammen. Wir versuchten, ohne jegliche Mittel, empirische Forschung unter wahrlich abenteuerlichen, ich würde heute sagen unzumutbaren, Umständen durchzuführen. [...] Wir lasen in Zürich frühe Texte von Theodor Geiger ebenso wie jene von Gurvitch, Georges Friedmann und dem jungen Raymond Aron. René König paukte Durkheim, Simmel, Marx, Auguste Comte, Vierkandt, Troeltsch, Sombart, dann die Amerikaner Louis Wirth, Ezra Park, selbstverständlich Sorokin. Dann mußten wir die ersten Meister der empirischen Sozialforschung kennenlernen: Robert K. Merton, Lazarsfeld, Arensberg und William Foote Whyte. Ohne Malinowski und Radcliffe-Brown zu kennen, besuchte man besser René Königs Seminare nicht.«[120]

König verfasst in der Züricher Zeit neben einigen Artikeln seine Bücher *Machiavelli. Zur Krisenanalyse einer Zeitenwende* (1941)[121], *Sizilien* (1943), *Materialien zur Soziologie der Familie* (1946) und die programmatische Schrift *Soziologie heute* (1949), eine kritische, »soziologisch-gegenwartswissenschaftliche« Auseinandersetzung mit den »endgeschichtlichen Visionen« und der These des Verschwindens der Mittelklas-

---

120 Atteslander, »Bruchstücke«, a.a.O., S. 166 und 173. Interessanterweise steht Max Weber nicht auf dem Lektüreplan.

121 Das Machiavelli-Buch ist beeinflusst von dem Widerspruch gegen Hans Freyers *Machiavelli* (1938), das König unter dem Pseudonym Paul Kern 1939 rezensiert hatte. Siehe auch Reinhard Mehring, »Machiavelli oder Odysseus? Über alte und neue Intellektuelle«, in: Harald Blum et al. (Hg.), *Ideenpolitik. Geschichtliche Konstellationen und gegenwärtige Konflikte*, Berlin 2011, S. 545–561 hier zu Königs Machiavelli S. 546 ff. Es ist König zufolge ein »politisches Buch«, lebt aber größtenteils, wie Hans Peter Thurn (»Metaphern und Mythen der Macht«, a.a.O.) zeigt, aus dem Erlebnis und der Kenntnis der Geschichte und Kultur Italiens.

René König und Edward Y. Hartshorne,
1946 im Tessin

se von Marx.[122] Die über dreihundertsechzig Artikel über die
Soziologie für das »Schweizer Lexikon« werden Jahre später
den Grundstock für Königs berühmten Kanonisierungsver-
such des Faches durch das »Fischer-Lexikon« liefern.[123] Unmittelbar nach dem Krieg, noch in der Züricher Zeit, lernt
er den US-HICOG-Offizier Edward Y. Hartshorne kennen,
mit dem er eine realistische Konzeption der Reeducation be-
spricht; von den Amerikanern gebeten, hält er auch Vorlesungen in München, Köln und Marburg und stellt dadurch den
Bezug zu Deutschland wieder her.[124]

---

122  René König, *Soziologie heute*, Zürich 1949, S. 37.
123  Zu den Schriften Königs siehe Alemann/Kunz, *René König. Gesamtverzeichnis der Schriften*, a. a. O., S. 33 ff.
124  Neumann/Schäfer, »›Blick nach vorn‹: Ein Gespräch mit René König«, a. a. O., S. 235 f. Siehe zu König und Hartshorne auch James F.
Tent (Hg.), *Academic Proconsul. Havard Sociologist Edward Y. Hartshorne and the Reopening of German Universities 1945–1946. His Per-
sonal Account*, Trier 1998, S. 256 f. sowie Uta Gerhardt, *Denken der
Demokratie*, a. a. O., S. 111 f.

König nimmt 1949 den Ruf auf das Ordinariat in der Nachfolge Leopold von Wieses an.[125] Versuche von Alfred von Martin, König nach München zu berufen, scheitern; das Kölner Ordinariat bereits in der Hand, macht König den Platz für Emerich K. Francis frei, zudem möchte seine Frau nicht nach München.[126] König kennt von Wiese über dessen Tochter, mit der und deren Ehemann Werner Guggenheim er gut befreundet ist.[127] Von Wiese lässt jedoch nur schwer von seinen Ämtern los[128], ja ist sogar bestrebt, die Kölner Zeitschrift nicht an König, sondern an Horkheimer und Adorno zu übergeben. Dadurch nimmt die Beziehung zu von Wiese Schaden. König ist weiterhin gewillt, in Zürich zu bleiben und hofft auf eine mögliche, in Aussicht gestellte Berufung nach Frankfurt. Als diese und damit verbunden auch die Option Zürich scheitert, da die Züricher die Berufungsangelegenheit als Lüge auffassen,[129] fällt 1953 die Entscheidung und König zieht mit

---

125 Der Dekan der Kölner WiSo-Fakultät, Theodor Wessels, teilt König bereits im Sommer 1948 mit, dass er auf der Berufungsliste steht (König, *Briefwechsel, Bd. 1*, a. a. O., S. 61), auf die ihn wohl von Wiese gesetzt hat (ebd., S. 19 f.). Die Wunschkandidaten von Wiese waren jedoch Hans Gerth (nach einer Mitteilung von Michael Klein) und Howard Becker (vgl. zu Becker auch ebd., S. 32, 66). Es lässt sich jedoch nach Mario und Oliver König nicht »mit Gewissheit rekonstruieren«, ob »Becker den Ruf abgelehnt oder gar nicht offiziell bekommen hat« (ebd., S. 15). Everett Hughes berichtet im Juli 1948 von einem Gespräch mit von Wiese, in dem über seinen 32jährigen Assistenten (vermutlich Karl Gustav Specht) als Nachfolger nachgedacht wird (s. »Notes on last few days in Germany«, Hughes Archive, University of Chicago). Auf die Frage, wer hinter der Berufung nach Köln gesteckt hat, antwortet König (»›Tout va très bien ...‹«, a. a. O., S. 142): »Ja, wenn ich das wüßte; ich weiß es nicht. Ich habe nur vage Vermutungen, die ich aber nicht preisgeben will.«

126 Neumann/Schäfer, »›Blick nach vorn‹: Ein Gespräch mit René König«, a. a. O., S. 220.

127 Vgl. König, »›Tout va très bien ...‹«, a. a. O., S. 140.

128 Vgl. dazu etwa König, *Briefwechsel, Bd. 1*, a. a. O., S. 68 ff.

129 Vgl. zur sogenannten »Berufungsaffäre« Zürcher, *Unterbrochene Tradition*, a. a. O., S. 270 ff.

der Familie nach Köln, von ihm als eine Art zweite Emigration empfunden.[130]

Die Jahre zwischen 1949 und 1953 sind für die Internationalisierung Königs von Bedeutung. Ein ehemaliger Freund aus dem Verlag »Die Runde«, Arvid Brodersen, Acting Head des Social Science Department bei der UNESCO, fragt ihn, ob er bei der Begründung einer internationalen Soziologie-Gesellschaft beteiligt sein möchte.[131] So wird König einer der Mitbegründer der ISA (1949), in den 1960ern ihr Präsident (1962–1966). Die internationalen Kontakte kann König während seiner ersten, von der Rockefeller Foundation finanzierten USA-Reise weiter ausbauen.[132] Dabei kommt er auch unmittelbar mit der US-amerikanischen Soziologie und Sozialforschung in Berührung. Später folgen etliche Gastprofessuren in den USA, wobei König des Öfteren mit dem Gedanken spielt, die Bundesrepublik zu verlassen und in den USA zu bleiben, denn stets begleitet ihn die Wahrnehmung, als »Heimkehrer«[133] nicht willkommen zu sein und seine einzigartigen Erfahrungen der Emigration nicht gewürdigt und anerkannt zu wissen. Auch die restaurativen und anti-intellektuellen Tendenzen der frühen Bundesrepublik und die Zeichen der Kontinuität zum NS-Regime befördern den dann in späteren Jahren immer deutlicher zutage tretenden Pessimismus

---

130 Vgl. König, »Identität und Anpassung im Exil«, a. a. O., S. 126. Fremdheit verknüpft König wie Simmel zu einer konstitutiven Perspektive der Soziologie, vgl. René König, »Die Juden und die Soziologie«, in: Ders., *Soziologie in Deutschland*, a. a. O., S. 329–342. Wunsch- und Wahlheimat war jedoch nach der Rückkehr nach Deutschland Italien, dort hatte er in Grenzano di Roma seinen Zweitwohnsitz.

131 König, *Leben im Widerspruch*, a. a. O., S. 159 ff.

132 Vgl. König, *Leben im Widerspruch*, a. a. O., S. 198 ff, 279 ff.

133 Vgl. dazu auch Alfred Schütz, »Der Heimkehrer«, in: Peter-Ulrich Merz-Benz/Gerhard Wagner (Hg.), *Der Fremde als sozialer Typus*, Konstanz 2002, S. 93–110, hier S. 104.

Georges Friedmann, Reinhard Bendix, Raymond Aron und René König 1966 in Evian-les-Bains auf dem 6. Weltkongress der International Sociological Association (ISA)

und Skeptizismus.[134] Der Grund, dennoch in Deutschland zu bleiben, sei der Wunsch gewesen, »die neue Generation im demokratischen Sinne zu erziehen«, so König.[135] Dazu gehört auch für ihn, seine Schüler zu Forschungsaufenthalten im Ausland zu ermuntern. »Und König war ja der, der alle Nachwuchskräfte nach Amerika geschickt hatte. Schelsky nicht! Keiner von seinen Nachwuchsleuten war in seiner Jugend in Amerika, und die Frankfurter auch nicht. Aber König jagte alle Leute nach Amerika und tat recht daran.«[136]

---

134  König, *Leben im Widerspruch*, a. a. O., S. 185, 189 ff.; Heine v. Alemann, »Nachwort«, in: René König, *Zur Konstitution moderner Gesellschaften. Studien zur Frühgeschichte der Soziologie. Schriften. Bd. 7*, hg. und mit einem Nachwort versehen von Heine von Alemann, Opladen 2000, S. 315–336, hier S. 335.

135  Vgl. König, »Identität und Anpassung im Exil«, a. a. O., S. 121.

136  M. Rainer Lepsius in einem unveröffentlichten Interview mit Karl-Siegbert Rehberg und Joachim Fischer am 26. April 2010, a. a. O.

Wie in Zürich, sind auch in Köln die Studierenden von Königs Freigeist und breitem Bildungshorizont begeistert. Nicht nur, dass er wie kaum ein Professor seiner Generation auch Studentinnen ernst nahm,[137] er ist zudem, wie Ute Gerhard berichtet, ein »faszinierender Lehrer mit einer ›echten Leidenschaft für das Lehren‹, dessen Vorlesungen – in prall besetzten Hörsälen – die Ansichten auf die Welt und eben die Gesellschaft veränderten und aus einem interdisziplinären Horizont, über die Philosophie, die Ideengeschichte und politische Theorie sowie die Ethnologie und Sozialpsychologie, zu den Besonderheiten soziologischen Denkens hinführten [...].«[138]

König ist für das Ordinariat in Köln bestens gerüstet: In der Züricher Zeit hat er ein eigenes Konzept von Soziolo-

---

»Bereits 1958 ging der erste Habilitand von René König, Peter Heintz, zunächst nach Santiago de Chile und dann weiter zur Fundación Bariloche nach Argentinien. Nico Stehr wurde Professor an der University of Alberta in Edmonton (Kanada). Dietrich Rüschemeyer übernahm eine Dozentur am Dartmouth College und wurde schließlich Professor an der Brown University. Wir selbst wanderten aufgrund eines Angebots der Harvard University 1962 nach den USA aus, und 1966 folgte Günter Lüschen zur University of Illinois in Urbana.« (Scheuch, »Soziologie in Köln«, a.a.O., S. 150) Nach Angaben von Gerhard Schäfer lehnte Schelsky Angebote der Rockefeller Foundation ab. Allerdings gilt die Aussage von Lepsius nicht für die Frankfurter, man denke an Horkheimers Studienbüro für politische Bildung (vgl. Clemens Albrecht, »Im Schatten des Nationalsozialismus: Die politische Pädagogik der Frankfurter Schule«, in: Ders. et al. (Hg.), *Die intellektuelle Gründung der Bundesrepublik*, a.a.O., S. 387–447, hier S. 413 ff. Dabei gingen die Schüler Königs nicht nur in die USA. Michael Klein etwa ging 1966 als Gastassistent nach Warschau, 1968 in die CSSR und 1973 nach Budapest.

137 Nave-Herz, »Biographische Notizen«, a.a.O., S. 19.

138 Ute Gerhard, »Wie ich Soziologin wurde – eine Rekonstruktion«, in: Ulrike Vogel (Hg.), *Wege in die Soziologie*, a.a.O., S. 50–60, hier S. 53.

gie entwickelt, dargelegt in *Soziologie heute*[139], verfügt über
eine große Lehrerfahrung, hat bereits eine Schar von Schülern, eine Schriftenreihe und hat sich unter anderem ein brei-
tes Wissen über die Familien-, Gemeinde- und Industriesoziologie sowie Soziologiegeschichte angeeignet – immer unter
dem Postulat eines »methodologischen Pluralismus« und der
moralischen »Leitidee, die Integrität des Menschen als sozial-
kulturelle Persönlichkeit zu schützen«.[140] Die 1950er Jahre
führen diese ungeheure Produktivität fort.[141] König versucht
nun, »die amerikanischen Forschungstechniken bekannt zu
machen, aber nicht sosehr um der Theorie willen, sondern
ausschließlich aus didaktischen Gründen, um die Lehre dieser Probleme zu erleichtern.«[142] 1952 erscheint der mit Zu-
stimmung und Hilfe von Lazarsfeld und Merton zusammen-

---

139  König, *Soziologie heute*, a. a. O. Der Buchtitel erinnert nicht von
    ungefähr an den von Thurnwald herausgegebenen internationa-
    len Sammelband (mit Beiträgen von Ogburn, Steinmetz, MacIver,
    Ginsberg, Andreas Walther, Freyer, Tönnies, Plenge und Sorokin)
    *Soziologie von heute. Ein Symposion der Zeitschrift für Völkerpsy-
    chologie und Soziologie*, Leipzig 1932, dessen Titel wiederum auf
    das von Thurnwald übersetzte Werk *Contemporary sociology* von
    Lester Frank Ward erinnert. Königs Anspruch von *Soziologie heu-
    te* mag auch Thurnwald nahe stehen, der mit *Soziologie von heute*,
    a. a. O., S. VIII das Ziel verbindet, einen »festen Wissens- und Me-
    thodenkern« herauszubilden. Vgl. auch Clemens Albrecht, »Nach-
    wort«, in: René König, *Soziologie als Krisenwissenschaft. Durkheim
    und das Paradigma der französischen Gesellschaft. Schriften Bd. 8*, hg.
    und mit einem Nachwort von Clemens Albrecht, Wiesbaden 2013,
    S. 387–413.
140  König, *Soziologie heute*, a. a. O., S. 121 f.
141  Dies zeigt sich auch auf dem Feld der Netzwerke anhand der Brief-
    wechsel, die ab 1957 an Zahl enorm zunehmen.
142  König, *Soziologie in Deutschland*, a. a. O., S. 14. Weiter heißt es (S. 16):
    »Alles das nur, um die grob vereinfachende Meinung zurückzuwei-
    sen, ich hätte die US-amerikanische Soziologie in Deutschland ein-
    geführt; das war in Wahrheit schon viel früher erfolgt. Wohl aber
    beanspruche ich, als erster ein gutes Kompendium der empirischen
    Forschungstechniken herausgebracht zu haben.«

gestellte Reader *Das Interview*, aus dessen Erweiterung und Aktualisierung mit Hilfe seiner Mitarbeiter Erwin Scheuch, Dietrich Rüschemeyer und Peter Heintz dann die zwei viel gelesenen, programmatischen Bände »Praktische Sozialforschung« werden.[143] 1958 publiziert König das in viele Sprachen übersetzte Soziologie-Lexikon im Fischer-Verlag, das mit über 400 000 Exemplaren zu einem der meistverkauften wissenschaftlichen Fachbücher avancierte und zur Popularisierung der Kölner Soziologie wesentlich beitrug. Zusammen mit dem Lexikon, dem mehrbändigen *Handbuch der empirischen Sozialforschung* (seit 1962)[144], der Reihe »Köl-

---

143  König, *Leben im Widerspruch*, a. a. O., S. 204. Mitarbeiter der ersten Auflage von 1952, *Praktische Sozialforschung I*, sind Wilhelm Brepohl, Max Ralis und Karl G. Specht. Bei der zweiten Auflage des ersten Bandes 1957 sind dann Rüschemeyer und Scheuch die Mitarbeiter, beim zweiten Band (1956) sind Heintz und Scheuch die Mitarbeiter.

144  Mit dem Handbuch ist König dann über nahezu zwei Jahrzehnte durch Neuauflagen und Koordinierung der Autoren immer wie-

ner Beiträge zur empirischen Sozialforschung« sowie – seit 1955 – der »Kölner Zeitschrift für Soziologie und (nun) Sozialpsychologie« und deren von König »erfundenen«[145] Sonderheften versucht er »die Soziologie in Deutschland wieder auf Weltformat zurück[zu]bringen«.[146] Das bedeutet aber auch, in Deutschland bislang kaum erschlossene soziologische Traditionen zugänglich zu machen, die in dieser Zeit durch die Ausrichtung auf die USA verstärkt aus dem Blick geraten. Gemeint sind insbesondere Königs Verdienste um die deutschsprachige Erschließung und Rezeption der Durkheim-Schule, die sowohl für seine Vorstellung sozialreformerischer Gesellschaftsgestaltung, sein Verständnis von Soziologie als »angewandter Aufklärung«[147] als auch für seine Soziologiekonzeption einer »Soziologie, die nichts als Soziologie ist«, konstitutiv ist.[148] Und dies gilt auch größtenteils für seine Schüler: »Wir wurden alle durkheimiens. […] Wir wurden imprägniert mit Durkheim.«[149] Insofern ist es zu einseitig, wie Rolf Ziegler betont, die »Kölner Schule« lediglich als Importeur der amerikanischen Sozialforschung zu betrachten,

---

der kräftezehrend beschäftigt. Auch hier spielt Merton eine wichtige Rolle, wie ihm König schreibt (Brief vom 1.9.1986, Robert K. Merton Papers, box 357, folder 13, Rare Book and Manuscript Library, Columbia University Library).

145  Ebd., S. 208.

146  Ziegler, »In memoriam René König«, a. a. O., S. 31

147  Vgl. dazu M. Rainer Lepsius, »Soziologie als Profession. Autobiographische Skizzen«, in: Adalbert Hepp/Martina Löw (Hg.), *M. Rainer Lepsius. Soziologie als Profession*, Frankfurt am Main/New York 2008, S. 83–149, hier S. 89.

148  König, *Leben im Widerspruch*, a. a. O., S. 201; König, »Einleitung«, a. a. O., S. 11. Siehe dazu die versammelten Texte in König, *Émile Durkheim zur Diskussion*, a. a. O.

149  Peter Atteslander in einem unveröffentlichten Interview mit Karl-Siegbert Rehberg am 7. Februar 2011 (Projekt »Audio-visueller Quellenfundus zur deutschen Soziologie nach 1945« (Rehberg/Fischer/Moebius).

die in den Augen Königs »letztes Endes zu nichts anderem führe als theorieloser Fliegenbeinzählerei, spitzfindiger Methodenakrobatik und forschungstechnischem Leerlauf. Wo er solche Tendenzen spürte, hat er sie selbst schonungslos gegeißelt und verspottet. […] Die Warnung an uns ›Jünglinge‹, richtige Soziologie zu machen und wirkliche Probleme zu behandeln, war auch für jeden von uns unüberhörbar.«[150]

Was waren diese »wirklichen« Probleme? Ein knapper Blick in den sozialhistorischen Kontext der Entstehungsphase der »Kölner Schule«, der »Ära Adenauer«[151], zeigt insbesondere folgende gesellschaftliche Prozesse, die hier nur stichwortartig erwähnt werden können: der bereits angesprochene Strukturwandel der Familie und Rückzug ins Private, die Urbanisierung und Veränderung der Gemeinden, das durch das »Wirtschaftswunder« steigende Konsum- und Freizeitverhalten, die Westintegration, das Verbot der KPD, das »Godesberger Programm«, die Remilitarisierung, der Mauerbau, die Entwicklung der Massenmedien und der Motorisierung, industrieller und sozialstruktureller Wandel in der fortgeschrittenen Industriegesellschaft, Verdrängung des Nationalsozialismus; dann ab den 1960ern der »Baby-Boom«, die Veränderung kultureller Werte und gesellschaftlicher Ordnungsvorstellungen, Beginn des Übergangs zur Dienstleistungsgesellschaft, Suburbanisierung, der einsetzende Individualtourismus, aber auch eine ins Stocken geratene wirt-

---

150  Ziegler, »In memoriam René König«, a.a.O., S. 30. »Mit den in den 60er und 70er Jahren allmählich sich konstituierenden qualitativen Methoden konnte er aber auch nicht warm werden, obwohl sie seinem ethnologischen und feldorientierten Ansatz am ehesten entsprachen, da er sie allzu sehr mit der geisteswissenschaftlichen Verstehenstradition identifizierte, die er ablehnte.« (Oliver König, »Nachwort. Bd. 18«, a.a.O., S. 440)

151  Vgl. Dominik Geppert, *Die Ära Adenauer*, Darmstadt 2012; Conze, *Die Suche nach Sicherheit*, a.a.O., S. 184 ff.

schaftliche Dynamik; für das Ende der 1960er und den Anfang der 1970er Jahre sind die zunehmende Politisierung (nicht zuletzt auch durch die Erschießung des Studenten Benno Ohnesorg 1967 und die Notstandsgesetzgebung 1968), Brandts Außenpolitik eines »Wandels durch Annäherung«, die Bildungsexpansion bei gleichzeitig bestehender klassenspezifischer Bildungs- und Chancenungleichheit sowie eine gewisse Liberalisierung und Abkehr traditioneller Moralvorstellungen kennzeichnend, insbesondere bei der Jugend (etwa in Fragen der Sexualität).[152] Die Auswahl der Forschungsthemen Königs und seiner Schüler und die damit verbundene soziologische Problemwahrnehmung der gesellschaftlichen Verhältnisse spiegeln auch den stets mitlaufenden Problembewältigungswillen der Kölner wieder. Dabei weisen König und seine Schüler, verglichen mit den anderen Fachvertretern der Soziologie und Denkschulen der Nachkriegszeit, eine einzigartige fachliche Breite und Tiefe auf: von Sozialpsychologie und Familiensoziologie über Jugend-, Sexualitäts-, Sport-, Gemeinde-, Migrations-, Medizin-, Kriminal-, Professions-, Arbeits-, Technik-, Betriebs- und Industrie- bis hin zu Konsum-, Freizeit-, Kunst-, Mode-, Medien-, Wissens-, Ethno- und Stadtsoziologie wird dem gesellschaftlichen Struktur- und Kulturwandel und den sich damit ändernden Verhaltensweisen der Akteure in größtmöglichem Umfang nachgegangen und anhand der Lexika und Handbücher zugleich auch tragfähige systematische, soziologiehistorische und methodo-

---

152  Vgl. Conze, *Die Suche nach Sicherheit*, a. a. O., S. 237 ff. und 331 ff. Viele dieser gesellschaftlichen Prozesse, insbesondere der 70er Jahre (etwa der Wandel der Jugendkultur und der traditionellen Familie) stellen dabei nicht allein ein Merkmal der BRD dar, siehe die Kapitel 10 und 11 in Eric Hobsbwam, *Das Zeitalter der Extreme. Weltgeschichte des 20. Jahrhunderts*, München, S. 362 ff. sowie Tony Judt, *Geschichte Europas von 1945 bis zur Gegenwart*, Frankfurt am Main 2009, S. 273 ff.

logische Fundamente für die allgemeine und empirische Soziologie geschaffen.[153]

## 2.2 Die Lehre

Die fachliche Breite und Tiefe der von König vertretenen Soziologie drückt sich nicht nur in der für die Nachkriegssoziologie entscheidenden Vielfalt der aufgegriffenen Themen oder der ganze Spezielle Soziologien konstituierenden Sonderhefte der *KZfSS* aus (dazu später mehr), sondern ist schon früh bei König angelegt. Wie Clemens Albrecht, auf den ich mich im Folgenden beziehe, überzeugend dargelegt hat, lassen sich vier Eckpunkte des König'schen Programms ausmachen, die alle in einer »älteren Kontinuitätslinie« stehen, das heißt, bereits Ende der 1920er und 1930er Jahre entwickelt wurden, so dass die 1950er Jahre »kein Neuansatz, sondern ein Wiederauflegen der 20er und 30er Jahre« darstellen, »freilich in einer historisch-politischen Lage, die die Anerkennungschancen des ganzen Programms potenziert hatte«.[154] Die Eckpunkte des »magischen Viereck« (Albrecht) seiner Soziologie sind die »struktur-funktionalistische Ethnologie«, »französische Theorie«, »amerikanische Sozialforschung« und »moralistische Gegenwartswissenschaft«.[155]

---

153 Siehe zu diesen Themen neben den Sonderheften der KZfSS etwa René König, *Soziologische Orientierungen. Vorträge und Aufsätze*, Köln 1965 sowie Ders., *Strukturanalyse der Gegenwart. Schriften. Bd. 12*, hg. und mit einem Nachwort versehen von Michael Klein, Wiesbaden 2006.

154 Albrecht, »Nachwort«, a. a. O., S. 389.

155 Ebd., S. 387. In der Mitte dieses Vierecks könnte man noch die breite Tradition der deutschen Soziologie der Zwischenkriegszeit verorten, wie sie sich etwa im berühmten Handwörterbuch der Soziologie von Alfred Vierkandt von (1931) wiederspiegelt. Diesen Hinweis verdanke ich Matthias Bös, dem dafür herzlich gedankt sei. Dazu passt

–·–

## Einleitung:

### Grundwandlungen in der neueren amerikanischen Soziologie.

Wenn ich es in dieser Vorlesung unternehme, zu Ihnen über die neuere amerikanische Soziologie zu sprechen, so
muss ich diese Vorlesung mit einer Entschuldigung
beginnen. In den letzten Jahren hatte ich eine Gelegenheit zu Ihnen in meinen Vorlesungen zu sprechen über französische und englische, deutsche u.
italienische Soziologie, gelegentlich auch über die
soziologischen Theorien der slavischen Völker, vor
allem der Russen und Polen. Und immer wieder
musste ich Ihnen zeigen, dass diese Theorien
nur zu verstehen sind, wenn man sie in ihren
eigenen geschichtlichen Quellverhältnissen betrachtet,
in ihren eigenen betrachtet. So kann
man diese die Eigentümlichkeiten der englischen
französischen und deutschen Soziologie nicht

Vorlesungsmanuskript

Die Nähe zur Ethnologie ist für die französische Soziologie und ihren Impetus einer moralischen Erneuerung mithin bis zu den modernen Klassikern (Pierre Bourdieu, Georges Balandier) konstitutiv.[156] Die ersten beiden Eckpunkte stehen sich aus dieser Sicht somit relativ nahe.[157] Die Ethnologie und ihre zentrale Bedeutung für die Humanwissenschaften verdankt König »dem direkten Einfluß«[158] seines Lehrers Richard Thurnwald. In dessen Auftrag verfasst König 1931/1932 – wie erwähnt – seinen ersten Artikel zur französischen Soziologie (»Die neusten Strömungen in der gegenwärtigen französischen Soziologie«, später wiederveröffentlicht unter »Bilanz der französischen Soziologie um 1930«). Der Beitrag erscheint in der seit 1925 von Thurnwald herausgegebenen und vom Titel her an die ab Mitte der 1950er Jahre von König umgetitelte *KZfSS* erinnernde *Zeitschrift für Völkerpsychologie und Soziologie* (1932/1933 und dann nach dem Krieg mit dem Obertitel *Sociologus*). Da hier die meisten von Königs Rezensionen vor der Emigration erschienen, kann man nach Albrecht »davon ausgehen, daß der *Sociologus* die zentrale sozialwissenschaftliche Referenzzeitschrift des jungen König war, schon alleine aus Karrieregründen.«[159]

---

auch, dass König 1982 noch eine gekürzte Studienausgabe des Handwörterbuchs herausgibt.

156  Vgl. Stephan Moebius/Lothar Peter (Hg.), *Französische Soziologie der Gegenwart*, Konstanz 2004.

157  Siehe auch René König, »Soziologie und Ethnologie«, in: *Ethnologie als Sozialwissenschaft. Sonderheft 26 der KZfSS*, 1984, hg. von Ernst W. Müller et al., S. 17–35.

158  König, *Leben im Widerspruch*, a. a. O., S. 91 f.; ferner Ders., »Soziologie in Berlin um 1930«, in: *Soziologie in Deutschland und Österreich 1918–145, Sonderheft 23, KZfSS*, 1981, hg. v. M. Rainer Lepsius, S. 34–58, hier S. 38–43; zur Vermittlungsgeschichte Thurnwalds siehe Albrecht, »Nachwort«, a. a. O., S. 390 ff.

159  Albrecht, »Nachwort«, a. a. O., S. 390. Die Anbiederungen seines Lehrers Thurnwalds an die Nationalsozialisten nahm König erst später wahr, vgl. König, »Soziologie in Berlin um 1930«, a. a. O., 40.

Thurnwald vertritt eine Durkheim verwandte entwicklungsgeschichtliche Auffassung, in dem er davon ausgeht, dass die heutigen sozialen Tatbestände noch auf ihre elementaren Formen verweisen. Insofern finden sich in seinen Augen in der »*zivilisatorischen Ausrüstung der Menschen*« trotz ihres »Eingewoben-Seins« in einen spezifisch-historischen sozio-kulturellen Kontext noch Elemente und Tiefendimensionen des Archaischen, die es »rückschauend« festzustellen gilt.[160] Für König heißt das: »Planetarische Ausweitung des Blickfeldes und Eröffnung der Geschichte nach rückwärts bis in die Humangenese […].«[161] Eine Perspektive, die er auch in seinen Vorlesungen verfolgt, wenn er etwa die Familie, das Recht oder die Mode von ihrem Ursprung in der Bronzezeit über die alten Hochkulturen und im Kulturvergleich mit fremden Kulturen her betrachtet.[162] Nach Scheuch lässt Königs an Radcliffe-Brown und Malinowski angelehnte Auffassung einer strukturell-funktionalen Ethnologie »die Gegenwart verstehen als das Nebeneinander von Kontinuitäten in der menschlichen Entwicklung und Besonderheiten der Ge-

Richard Thurnwald

---

160  Richard Thurnwald, »Analyse von ›Entwicklung‹ und ›Zyklus‹, in: Ders., *Grundfragen menschlicher Gesellung*, a. a. O., S. 114–135, hier S. 117, 120. Interessante Parallelen ergeben sich hier etwa zu Untersuchungen des überzeitlichen und transkulturellen sozialen Totalphänomens der Gabe und der Reziprozität bei Thurnwald, Malinowski und Mauss, siehe König, »Soziologie in Berlin um 1930«, a. a. O., S. 41 sowie Ders., »Richard Thurnwalds Beitrag zur Theorie der Entwicklung«, in: *Ethnologie als Sozialwissenschaft. Sonderheft 26 der KZfSS*, 1984, hg. von Ernst W. Müller et al., S. 364–378, hier S. 370 f.

161  König, »Einleitung: Über einige Grundfragen der empirischen Kulturanthropologie«, a. a. O., S. 11.

162  Vgl. Dieter Fröhlich, »Nachwort«, in: René König, *Schriften zur Kultur- und Sozialanthropologie. Schriften Bd. 17*, hg. und mit einem Nachwort von Dieter Fröhlich, Wiesbaden 2008, S. 495–526, hier S. 496.

sellschaften unserer Zeit.«[163] Allerdings kritisiert König an
den britischen Sozialanthropologen ihre Vernachlässigung
der »Person und ihre Entfaltung« zugunsten einer einsei-
tigen Berücksichtigung der Institutionen und ihrer spezifischen Funktionen.[164] In der US-amerikanischen Kulturanthropologie hingegen findet König nicht nur die Mauss'sche
kulturrelativistische Idee wieder, es gebe keine »nicht-zivili-
sierten Gesellschaften«, alle Kulturen sind gleichen Ranges,
sondern auch jene enge Verknüpfung zwischen Kultur und
Person, zwischen Anthropologie und Psychologie. Vorbereitet
ist dies aber mitunter auch durch Thurnwald, der – ganz ähnlich wie Mauss für die Soziologie und Ethnologie – ebenfalls
auf die besondere Beziehung zwischen Ethnologie und Psychologie hingewiesen hat, wobei er im Gegensatz etwa zum
Psychologismus Lévy-Bruhls[165] und angeregt von der englischen »social anthropology« einen »psychologischen Funk-
tionalismus« vertritt.[166] Mit Blick auf König ist hier die di-
alektische Beziehung zwischen Kultur und Person/Psyche
von Bedeutung, die in seiner Forderung einer engen Beziehung zwischen »empirischer Kulturanthropologie amerikani-

163 Erwin K. Scheuch, »Soziologie als angewandte Aufklärung« in:
     Heinz Sahner (Hg.), *Soziologie als angewandte Aufklärung. Weniger
     als erwartet, aber mehr als zu befürchten war. Die Entwicklung der
     Nachkriegssoziologie aus der Sicht der frühen Fachvertreter*, Baden-
     Baden 2000, S. 59–72, hier S. 60.
164 René König, »Einleitung: Über einige Grundfragen der empirischen
     Kulturanthropologie«, in: Ders./Axel Schmalfuß (Hg), *Kulturan-
     thropologie*, Düsseldorf/Wien 1972, S. 7–48, hier S. 21.
165 Siehe etwa seinen Aufsatz »Der Kulturhintergrund des primitiven
     Denkens« in: Richard Thurnwald, *Grundfragen menschlicher Gesel-
     lung. Ausgewählte Schriften,* hg. von Hilde Thurnwald, Reihe For-
     schungen zur Ethnologie und Sozialpsychologie Bd. 2, Berlin 1957,
     S. 9–34.
166 Siehe dazu auch Roland Girtler, *Kulturanthropologie. Eine Einfüh-
     rung*, Münster/Wien 2006, S. 257 sowie Werner Petermann, *Die Ge-
     schichte der Ethnologie*, Wuppertal 2004, S. 766 ff.

schen Stils«, Soziologie und Sozialpsychologie zum Ausdruck kommt.[167] Unmittelbar praktischen Nutzen erhält eine solche »angewandte Kulturanthropologie« angesichts der »Entwicklungsproblematik der Dritten Welt«, die es nicht ethnozentristisch zu bewältigen gelte, sondern nur mit Hilfe eines Wissens der spezifischen Kulturen und einer daran anknüpfenden »interkulturellen Kommunikation«.[168] Für die Positionierung im soziologischen Feld bedeutet dies nach König unter anderem eine Zurückweisung der philosophischen Anthropologie, die erst dann »aufgebaut« werden könne, wenn die »empirische Kulturanthropologie weiter gediehen« sei.[169]

Ganz praktisch kommt König mit der Kulturanthropologie unter anderem[170] durch seine Reisen nach Afghanistan oder zu den Navajo-Reservationen in den USA in Berührung. Bereits in den Berliner Jahren hatte sich König für die Indianer des Südwestens interessiert und bei Thurnwald von ihnen gehört, wo er auch Clyde Kluckhohn kennenlernte, der sich bereits in den dreißiger Jahren mit den Navajo beschäftigt hatte.[171] Die erste Reise begann 1953, es folgten viele weitere bis Anfang der achtziger Jahre.[172] Die Methode war im übrigen qualitativer Art: Feldforschung mit teilnehmender Beobachtung. Immer wieder publizierte König seitdem zum Thema.[173] Ihn beschäftigte insbesondere die Frage, »*how do*

---

167  König, »Einleitung: Über einige Grundfragen der empirischen Kulturanthropologie«, a. a. O., S. 21.

168  Ebd., S. 8 f., 38 ff.

169  Ebd., S. 11.

170  Siehe auch König, *Leben im Widerspruch*, a. a. O., S. 247 ff. zu seinen Erfahrungen in Afghanistan.

171  König, Leben im Widerspruch, a. a. O., S. 327 f., 331 f.

172  Vgl. René König, *Indianer wohin? Alternativen in Arizona. Skizzen zur Entwicklungssoziologie*, Opladen 1973, S. 11; König, *Leben im Widerspruch*, a. a. O., S. 336.

173  Siehe auch die Textsammlung René König, *Navajo-Report. Von der Kolonie zur Nation*, Berlin 1983.

*they make a living?*«, angesichts von wirtschaftlichen Problemen, Arbeitslosigkeit und ungesicherter Zukunft.[174]

Die mit den Disziplinen der Kulturanthropologie, Soziologie und Sozialpsychologie implizierte, sich explizit auf Thurnwald berufende soziologische Orientierung auf die »Dreiecks-
beziehung *Person – Gesellschaft – Kultur*«[175] als »einheitlicher
und unzerreißbarer Zusammenhang«[176] ist für ihn auch weg-
weisend für die zukünftige Ausrichtung der KZfSS, wie er 1955
in seiner »Vorbemerkung des Herausgebers« festhält, wobei
auch der Psychoanalyse als Verklammerung von Kulturanthropologie und Sozialpsychologie explizit eine zentrale Rolle zugesprochen wird.[177] Dabei ist in der Titelgebung der *KZfSS* Sozialpsychologie »nicht als Einzeldisziplin« gemeint, sondern
»die sozialpsychologische Grundlegung der Soziologie.«[178]

---

174 König, *Leben im Widerspruch*, a. a. O., S. 335.

175 König, *Soziologie. Fischer-Lexikon*, a. a. O., S. 241 (Stichwort Person).

176 Nahezu dreißig Jahre später wird Jürgen Habermas, *Theorie des
kommunikativen Handelns*, Bd. 2. *Zur Kritik der funktionalistischen
Vernunft*, Frankfurt am Main 1981, S. 486 das von Mead und Durkheim bereits diagnostizierte Auseinandertreten von Person, Gesellschaft und Kultur (einschließlich ihrer internen Fragmentierung)
als signum der Moderne kennzeichnen. Zwar sieht auch König diese internen Fragmentierungen und Anzeichen von Anomie, aber in
den 1980er Jahren ist etwa Kultur definitiv nicht mehr der siche-
re Hafen und Ankerpunkt von Hoffnungen sozialer und normativer
Integration, den sie noch, insbesondere durch die Durkheim'sche
und kulturanthropologische Brille, in den 1950ern darstellt. Königs
Reaktion auf Habermas' Buch (nach Angaben von Oliver König,
Mail vom 10. 3. 2013): »*Ein Buch mit keinem einzigen Fakt*«.

177 König, »Vorbemerkung des Herausgebers«, a. a. O., S. 105. Die Bedeutung der Psychoanalyse und Sozialpsychologie ist nicht nur von
Thurnwald her vermittelt, sondern mindestens ebenso wichtig ist
hier der intensive Austausch mit Alexander Mitscherlich, mit dem
König eine zeitlang in Zürich in einer Pension wohnte. Vgl. Neu-
mann/Schäfer, »›Blick nach vorn‹: Ein Gespräch mit René König«,
a. a. O., S. 236.

178 Neumann/Schäfer, »›Blick nach vorn‹: Ein Gespräch mit René König«, a. a. O., S. 236. Wie Oliver König berichtet (Mail vom 10. 3. 2013)

In dieser Kerntriade sehe ich einen zentralen Punkt seiner Lehre. Was versteht König aber genau unter Person, Kultur und Gesellschaft und wie sind sie miteinander verwoben? Mit Blick auf die Person interessieren ihn zum Einen verhaltensbiologische Fragen zur Unterscheidung zwischen Mensch und Tier, zum Anderen die Prozesse der Soziabilisierung und Enkulturation, das heißt der »zweiten Geburt des Menschen«[179], der intersubjektiven Kulturaneignung jeder individuellen Person, primäre und sekundäre Sozialisierung und das »Heranwachsen des Menschen in seiner Kultur« durch »spezifische Lern- und Übertragungsmechanismen, mit deren Hilfe in den verschiedenen Kulturen der kulturelle *Transfer* von einer Generation auf die andere vollzogen wird«, und wodurch sich kulturspezifisch dominante Persönlichkeitssyndrome konstituieren.[180] Dadurch, so die Hoffnung Königs, ließe sich auch der Widerspruch zwischen Personen- und Kollektivstrukturen methodisch überwinden.

In Abgrenzung zu geschichtsphilosophischen Kulturbegriffen, zur künstlichen »Scheidung zwischen den Systemen der Kultur (Kunst, Wissenschaft, Religion, Sittlichkeit, Recht, Wirtschaft) und den ›äußeren‹ Organisationsformen der Kultur (Gemeinschaft, Herrschaft, Staat, Kirche)« sowie gegen die für König kulturpessimistische Differenzierung zwischen ›höherer‹ und ›niederer‹ Kultur möchte er einen »spezifisch soziologischen Begriff der Kultur« setzen, der davon ausgeht,

---

sei König über die weitere Entwicklung der Sozialpsychologie so enttäuscht gewesen, dass er überlegt habe, den Begriff wieder aus dem Titel der *KZfSS* zu entfernen.

179   König, *Soziologie. Fischer-Lexikon*, a. a. O., S. 241 ff. (Stichwort Person). Neben der Kulturanthropologie, Durkheim und der Psychoanalyse spielen hier für König insbesondere Autoren des amerikanischen Pragmatismus wie Mead und Cooley eine zentrale Rolle zur Erhellung der Prozesse der Enkulturation.

180   König, »Einleitung: Über einige Grundfragen der empirischen Kulturanthropologie«, a. a. O., S. 21.

dass »Kultur als inhärenter Bestandteil des sozialen Geschehens angesehen wird.«[181] Soziale Tatbestände weisen somit immer eine kulturelle, symbolische Dimension auf, ohne dass sie auf diese reduziert werden können. »Vielmehr sind soziale Sachverhalte immer auch kulturell geprägt und vermittelt, wie umgekehrt jegliches Kulturphänomen eine reale sozialhistorische Kraft darstellt, die sich in sozialstrukturellen Gegebenheiten konstituiert«, wie Michael Klein Königs Position zusammenfasst.[182] König rekurriert in seiner vergleichenden Kultursoziologie insbesondere auf die Kulturanthropologie, die in seinen Augen den Aspekt der Kultur als Problemlösungsmittel, als Herausbildung von Gewohnheiten, als normative Handlungsorientierung sowohl im Sinne der Formung als auch der Ausrichtung an Wertidealen, als Idee und Symbol sowie als Enkulturation fasst.[183] Soziales Handeln schließt aus dieser Perspektive immer einen Sinnmoment ein. Was zunächst nach Weber klingt, wird jedoch von König gleichsam pragmatistisch gewendet, indem als Grundlage des sozialen Handelns nicht der subjektiv gemeinte Sinn, sondern die – um es in der aktuellen Begrifflichkeit von Hans Jos zu sagen – in der »primären Sozialität« (Joas) vermittelten sozialen Erfahrungen als konstitutiv betrachtet werden.[184]

Vor dem Hintergrund, dass König der Erforschung der Kulturhaftigkeit des Sozialen eine so zentrale Position einräumt, nimmt es auch nicht Wunder, dass er die von Friedrich Tenbruck und Wolfgang Lipp forcierte Wiederbelebung

---

181 König, *Soziologie. Fischer-Lexikon*, a.a.O., S. 160 ff. (Stichwort Kultur).

182 Michael Klein, »Nachwort«, in: König, *Strukturanalyse der Gegenwart. Schriften. Bd. 12*, a.a.O., S. 377–412, hier S. 393.

183 König, *Soziologie. Fischer-Lexikon*, a.a.O., S. 163 (Stichwort Kultur).

184 Vgl. René König, »Von der Notwendigkeit einer Familiensoziologie (1945/1974)«, in: Ders., *Familiensoziologie. Schriften Bd. 14, herausgegeben und mit einem Nachwort versehen von Rosemarie Nave-Herz*, Opladen 2002, S. 9–48, hier S. 15 f.

der Kultursoziologie in Deutschland durch die Ermöglichung eines Schwerpunkthefts »Kultursoziologie« der *KZfSS* 1979 unterstützt hat.[185] Für Königs eigene Kultursoziologie ist neben der Vielfalt an Themen, mit denen er die Kultur- und Symbolhaftigkeit des Sozialen aufzeigt und mit anderen Kulturen vergleicht (Enkulturation, Mode, Kleidung, Tanz, Kunst, Naturerleben etc.) gesellschaftstheoretisch und -diagnostisch insbesondere das Theorem des *cultural lag* von William F. Ogburn zentral. Das heißt, dass sich materielle bzw. immaterielle Kultur sowie die »verschiedenen kulturellen Variablen in verschiedenem Tempo entwickeln, was in der einen Richtung ›Vorstöße‹, in der andern ›Verspätungen‹ *(cultural lag)* zeugen muß.«[186] Der zeitgenössischen Soziologie kommt dabei nach König die Aufgabe zu, den diagnostizierten *cultural lag* aufzuheben, das heißt, die kulturellen Denk- und Wahrnehmungsschemata und Orientierungen den gesellschaftli-

---

185 Schwerpunktheft *Kultursoziologie*, hg. von Wolfgang Lipp/Friedrich Tenbruck, KZfSS, 31. Jg./Heft 3, 1979. Der Mittler war hier Hans Peter Thurn, König-Schüler und Mitbegründer der Sektion Kultursoziologie in der DGS. Siehe auch Stephan Moebius/Clemens Albrecht (Hg.), *Kultur-Soziologie. Klassische Texte der neueren deutschen Kultursoziologie*, Wiesbaden 2013.

186 König, *Soziologie. Fischer-Lexikon*, a. a. O., S. 163 (Stichwort Kultur). In *Soziologie heute* (1949) etwa heißt es dementsprechend, dass »der zentrale Sinn unserer gegenwärtigen Kulturkrise in einer enormen Verspätung zwischen Technik und Wirtschaft einerseits und unserer sozial-kulturellen Anpassung andererseits zu suchen sei«, wobei eben »nicht die Wirtschaft und die Technik als solche die Schuld an der gegenwärtigen Gesellschaftskrisis tragen, sondern vor allem die Zurückgebliebenheit der Kultur.« Insofern zeige sich auch hier eine Art Tragödie der Kultur (ohne Georg Simmel explizit zu nennen) als schwer wandelbare Form, die dem sich stets umformenden sozialen Leben gegenübersteht (König, *Soziologie heute*, a. a. O., S. 100 f.). Siehe zum *cultural lag* auch René König, »Bemerkungen zur Sozialpsychologie«, in: Ders., *Soziologische Orientierungen*, a. a. O., S. 45–78, hier S. 54 ff.

chen Prozessen anzupassen, anstatt sie kulturkritisch zu verbrämen.

Ferner ist Königs auf die in Großbritannien entstehenden *Cultural Studies*[187] vorverweisende, in den 1950er Jahren sich jedoch immer mehr durchsetzende Annahme zu nennen, der zufolge komplexe fortgeschrittene Industriegesellschaften aufgrund ihrer arbeitsteiligen und schichtspezifischen Differenzierung eine Vielzahl von »Subkulturen« hervorbringen.[188] Statt gesamtgesellschaftlicher »normativer Integration« (Parsons) hat es die moderne Gesellschaft vielmehr mit ausdifferenzierten Subkulturen zu tun. Diese Perspektive ist König durch die Chicago-School der Soziologie vermittelt.[189] Mit der Ausdifferenzierung und Pluralisierung unterschiedlicher Subkulturen und Schichten vervielfachen sich auch die jeweiligen Lebensformen, Erwartungen, Moralvorstellungen, Bildungsvorstellungen, Konsum- und Medienpraktiken, die aufgrund dieser »feinen Differenzierungen« (Bourdieu spricht später von »feinen Unterschieden«) weniger auf eine »nivellierte Mittelstandsgesellschaft« (Schelsky) als vielmehr auf eine sich in viele Schichten und Ebenen entfaltende »pluralistische Gesellschaft« verweisen,[190] die aufgrund der unterschiedlichen

---

187 Vgl. Stephan Moebius, »Cultural Studies«, in: Ders. (Hg.), *Kultur. Von den Cultural Studies bis zu den Visual Studies*, Bielefeld 2012, S. 13–33.
188 Siehe auch König, *Soziologie. Fischer-Lexikon*, a. a. O., S. 158 (Stichwort Komplexe Gesellschaften). Zur pluralistischen Gesellschaft und ihren Subkulturen siehe auch König, »Bemerkungen zur Sozialpsychologie«, a. a. O., S. 62 ff.
189 König, »Soziologie und Ethnologie«, a. a. O., S. 27 f.
190 René König, »Die Gesellschaftsstruktur in der Bundesrepublik und ihr Wandel von 1945 bis heute«, in: Ders., *Strukturanalyse der Gegenwart*, a. a. O., S. 92–105, hier S. 96 sowie 100. Im Lexikon-Beitrag »Gesellschaft« (König, *Soziologie. Fischer-Lexikon*, a. a. O., S. 111) wird für diese Diagnose die »Tiefensoziologie« von Georges Gurvitch angeführt, mit dem König in engem Kontakt stand – wohl nicht zuletzt auch durch die von beiden geteilte Bewunderung für

»Berufe, Klassenschichtungen und sozialen Lagen« jedoch wiederum eigene Herrschafts- und Machtverhältnisse aufweist, was man nach König beispielsweise bei der Entstehung einer »neuen« sozialen Unterschicht (Unqualifizierte, Migranten, unversorgte alte Menschen, Unterprivilegierte etc.) beobachten könne.[191] Die Frage sei dann, »wie solche hochkomplexen Systeme integriert werden können«? Man hört aus dieser Frage ganz deutlich Durkheim heraus, der auch für Königs Gesellschaftsbegriff zentral ist. Allerdings bleibt die Frage, wer hier integriert, unbeantwortet und Antworten darauf erschöpfen sich bei König ähnlich wie bei Durkheim meist im Verweis auf die gesellschaftsrelevanten Leistungen einer rationalen soziologischen Analyse.

Während Kultur die für die Persönlichkeitsbildung und Enkulturation zentralen immateriellen Wertvorstellungen, Leitideale und *habits* beinhaltet, so definiert Gesellschaft die jeweilige Stellung und Rolle der Person.[192] Die Grundsituation der Person in der modernen Gesellschaft sei das Eingebettet-Sein in »soziale Verflechtungen«, mit Simmel, die

---

Marcel Mauss. Vgl. Georges Gurvitch, *Écrits allemande III*, hg. von Christian Papilloud/Cécile Rol, Paris 2006, S. 187 ff. sowie König, *Leben im Widerspruch*, a. a. O., S. 99, 101 f. Zur Kritik an Schelskys These der nivellierten Mittelstandsgesellschaft siehe auch René König, »Die Entfaltung der modernen Soziologie. Georg Simmel, Emile Durkheim, Karl Mannheim, William Fielding Ogburn«, in: Ders., *Soziologie als Oppositionswissenschaft. Zur gesellschaftskritischen Rolle der Soziologie. Schriften Bd. 9, herausgegeben von Heine von Alemann*, Wiesbaden 2011, S. 113–130, hier S. 124 f. Siehe auch zum Kontext und Kritik an Schelskys These Gerhard Schäfer, »Die nivellierte Mittelstandsgesellschaft – Strategien der Soziologie in den 50er Jahren«, in: Georg Bollenbeck/Gerhard Kaiser (Hg.), *Die janusköpfigen 50er Jahre. Kulturelle Moderne und bildungsbürgerliche Semantik III*, Wiesbaden 2000, S. 115–142.

191 Ebd., S. 98 f.
192 König, *Soziologie. Fischer-Lexikon*, a. a. O., S. 110 (Stichwort Gesellschaft).

»Kreuzung sozialer Kreise«.[193] Gesellschaft ist dabei zunächst als ein historisches, »verwickeltes System von sozialen Handlungen, Gruppen und Verhaltensnormen« gefasst,[194] wobei es sich um ein »prozeßartiges Geschehen zwischenmenschlicher Natur [handelt], das jedoch – im Gegensatz zur Beziehungslehre – auch Teil- und Gesamtstrukturen hervorbringt, die sowohl der makro- wie der mikrosoziologischen Betrachtungsweise offenstehen.«[195] Alle diese Strukturen unterliegen einem »ständigen strukturellen Wandel, der auch die Wertvorstellungen verändert«.[196] König teilt dabei Durkheims Auffassung, dass moderne komplexe Gesellschaften insbesondere durch Arbeitsteilung gekennzeichnet sind, durch Ausdifferenzierung und Spezialisierungen, die sowohl auf die Integrationsform einer »organischen Solidarität« hinweisen, die sowohl Kooperation als auch den »Kult des Individuums« (Durkheim) hervorruft. Diese Form von Integration sollte aber, so König, nicht darüber hinwegtäuschen, dass in den modernen Industriegesellschaften nicht nur eine Vielzahl von Moralvorstellungen, sondern auch von Herrschaftsstrukturen existieren, die ebenfalls immer komplexere Formen annehmen.[197] Die »Unzahl heterogener Elemente« führe darüber hinaus zu dem Umstand, »daß unsere modernen Industriegesellschaften für niemanden mehr ganz durchsichtig sind, weshalb die Entstehung eines *gesamtgesellschaftlichen Selbstbewußtseins* mehr und mehr von der sozialwissenschaftlichen Forschung abhängig wird.«[198] Gesamtgesellschaftliche Integration erfolge hierbei immer weniger auf der »unmittelbaren Basis des sozialen Geschehens«, als vielmehr auf »der Ebene der *Symbolidentifikation* […], wie schon Durkheim er-

---

193  Ebd., S. 157 (Stichwort Komplexe Gesellschaften).
194  Ebd., S. 111.
195  Ebd., S. 106.
196  König, »Die Entfaltung der modernen Soziologie«, a. a. O., S. 117.
197  Ebd., S. 156 (Stichwort Komplexe Gesellschaften).
198  Ebd., S. 157 (Stichwort Komplexe Gesellschaften).

kannte«.[199] Inwiefern eine solche Symbolidentifikation die in seinen Augen erforderliche Integrationsleistung der komplexen Gesellschaft vollbringen kann, wie so ein Prozess genau auszusehen hat und wer hier die maßgeblichen Akteure sind, wird allerdings nicht systematisch beantwortet und verbleibt auf der Ebene einer vagen Aufgabenbestimmung für die Sozialwissenschaften.

Bis hier ist schon vielfach deutlich geworden, dass sich König sowohl bei seinem Kultur- als auch bei seinem Gesellschaftsbegriff, ja in seiner soziologischen wie aufklärerischen Grundhaltung insgesamt auf die französische Soziologie der Durkheim-Schule bezieht. Sie bildet einen weiteren Eckpunkt seiner Soziologie, ja durchzieht diese die gesamte Schaffensperiode. König ist bis heute immer noch einer der besten deutschsprachigen Kenner der *durkheimiens* geblieben. In *Émile Durkheim zur Diskussion. Jenseits von Dogmatismus und Skepsis* versammelt er 1978 seine wichtigsten Texte zur Durkheim-Schule. Dabei ist bewusst von *Durkheim-Schule* zu sprechen, weil sich seine Aneignung und Rezeptionsleistung der französischen Soziologie nicht nur auf Durkheim beschränkt, sondern auch dessen Schüler umfasst, allen voran Marcel Mauss, der wesentlichen Anteil an der Soziologiekonzeption Durkheims hat.[200] Zuweilen hat es den Eindruck, er stehe Mauss näher als dessen Onkel, wenn es beispielsweise um die für Mauss so relevante Verknüpfung von Soziologie und Psychologie geht.[201] Und als einer der wenigen seiner Zeit erkennt König den Unterschied zwischen Durkheim und Mauss hin-

---

199 Ebd., S. 157 (Stichwort Komplexe Gesellschaften). Robert N. Bellah prägte dafür später den Begriff der »Zivilreligion«.

200 Vgl. dazu etwa Stephan Moebius, »Die Religionssoziologie von Marcel Mauss«, in: Marcel Mauss, *Schriften zur Religionssoziologie*, hg. und eingeleitet von S. Moebius et al., Berlin, S. 617–682.

201 Vgl. etwa Marcel Mauss, »Wirkliche und praktische Beziehungen zwischen Soziologie und Psychologie«, in: Ders., *Soziologie und Anthropologie. Bd. 2*, Frankfurt am Main 1999, S. 145–173.

sichtlich des Symbolcharakters der Sprache und der soziologischen Zentralität des Symbolischen[202], rückt ihn dadurch jedoch vielleicht allzu schnell in die Nähe zu Lévi-Strauss.

Die Bedeutung der Durkheim-Schule für die Kölner
Schule und insbesondere König setzt an verschiedenen Punk-
ten an (neben Ähnlichkeiten in der engen Beziehung zwischen Soziologie und Ethnologie oder der kultursoziologi-
schen Betonung des Symbolischen des Sozialen):

1. In der Gegenwartsdiagnose moderner komplexer Industriegesellschaften. Diese sind nach König insbesondere
   durch ihre Arbeitsteilung und Spezialisierung charakterisiert. Die Komplexität ist jedoch so weit vorangeschrit-
   ten, dass eine soziale oder wirtschaftliche Integration
   nahezu unmöglich wird und anomische Prozesse zuneh-
   men. Anomieprozesse erblickt König insbesondere Ende
   der 1960er Jahre etwa im Anstieg an Ehescheidungen,
   Selbstmorden, der Kriminalitätsrate, der Drogensüchtig-
   keit und des Terrorismus.[203] Dabei wehrt sich die Kölner
   Schule gegen die in den 1970er aufkommende Rede einer
   Krise der Soziologie; im Gegenteil: Ähnlich wie für Durkheim wird hier nun die Soziologie als Krisenwissenschaft
   und angewandte Aufklärung zur »Königsdisziplin«. Ihr
   wird eine Integrationsfunktion zugesprochen, »indem
   sie als kritische Soziologie diesen hochkomplexen Zu-

---

202 König, *Émile Durkheim*, a. a. O., S. 268. Siehe auch Camille Tarot, *De
Durkheim à Mauss. L'invention du symbolique*, Paris 1999.

203 René König, »Einige Bemerkungen über die Bedeutung der empirischen Forschung für die Soziologie« (1969/1979), in: Ders., *Schriften
zur Grundlegung der Soziologie. Theoretische und methodische Perspektiven, Bd. 11*, hg. von Hans-Joachim Hummell, Wiesbaden 2011,
S. 95–126, hier S. 102 f. Auch die Schüler analysieren anomische
Prozesse: Scheuch verweist etwa in späteren Schriften auf die Klüngel und Cliquen in Politik und Wirtschaft, Atteslander sieht in der
Anomieproblematik ein dauerhaft relevantes Untersuchungsobjekt.

sammenhang durchsichtig macht und die kognitive Durchdringung des Strukturnetzes der fortgeschrittenen Industriegesellschaften anbahnt.«[204] Dabei ist Durkheim auch der Stichwortgeber für zentrale soziologische Grundbegriffe wie »Sozialisierung«, »Internalisierung« oder »Enkulturation«.[205]

2. Im reformerisch-aufklärerischen und kritisch-moralischen Impetus, den er mit der reform-sozialistischen Orientierung der *durkheimiens* teilt[206] und der auch den erwähnten Praxisbezug der Soziologie motiviert. »Letztes Ziel der Sozialforschung wird aber die praktische Anwendung ihrer Ergebnisse sein [...].«[207] Das führt ihn zu der Propagierung einer »kritischen Soziologie«, die sich »gegen jede Machtausübung von welcher Seite auch immer« wende.[208] Ganz im Sinne Durkheims habe dies jedoch auf der Basis »rationaler Erkenntnis« zu geschehen. »Die Soziologie wird es niemals aufgeben können, die Emanzipation des Menschen und die Sicherung der Menschenwürde als ihren zentralen Gegenstand zu betrachten. Damit wird sie immer und überall, wo diese Werte bedroht sind, zu einem Werkzeug der Kritik und Opposition. [...] Dieses Programm vereint Kritik und Reform mit der Entfaltung eines eigenen Systems der Wissen-

---

204 René König, »Gesellschaftliches Bewußtsein und Soziologie. Eine spekulative Überlegung«, in: *Deutsche Soziologie seit 1945*, KZfSS, a. a. O., S. 358–370, hier S. 368 f.

205 König, »Die Entfaltung der modernen Soziologie«, a. a. O., S. 117.

206 Vgl. König, *Leben im Widerspruch*, a. a. O., S. 28. Vgl. auch Günther Lüschen, »Entwicklung und Programm einer Soziologie der Moral«, in: Ders. (Hg.), *Das Moralische in der Soziologie*, Opladen/Wiesbaden 1998, S. 9–36, hier S. 10.

207 René König, »Praktische Sozialforschung«, in: Ders. (Hg.), *Das Interview. Formen – Technik – Auswertung*, Köln/Berlin 1957, S. 13–33, hier S. 32.

208 König, *Leben im Widerspruch*, a. a. O., S. 194.

schaft [...].«[209] Und so »repräsentiert heute der Soziologe jenen Stachel, von dem Sokrates sprach, und der nicht nur das Denken antreibt, sondern es zugleich auf den Weg der Wahrheit bringt.«[210]

3. Methodologisch: die Soziologie, die nichts als Soziologie sein soll, hat insbesondere den *Regeln der soziologischen Methode*[211] zu folgen. König übersetzte dieses Werk, um den »deutsch-amerikanischen Provinzialismus« in der zeitgenössischen Soziologie zu überschreiten.[212] Denn bei Durkheim zeige sich eine enge Verzahnung zwischen Theorie, Methode und Praxisbezug, was einer »ganzen Generation von Forschungstechnokraten [...], die das Instrument behandeln, als sei es allgemein ›disponibel‹ ohne Rücksicht auf Gegenstand oder Umstände« vollkommen abhanden komme.[213]

4. Die Durkheim-Schule ist einer von Königs bedeutenden Einsätzen im soziologischen Feld. Bereits vor 1945 ist sie für die Habilitationsschrift fundamental,[214] später für die rational-wissenschaftliche und moralische Position Königs. In der Nachkriegszeit ist das Ausspielen der Durkheim-Karte jedoch nicht ohne Risiko, zumal in ei-

---

209 Rene König, »Soziologie als Oppositionswissenschaft und als Gesellschaftskritik«, in: Ders. *Soziologische Orientierungen*, a. a. O., S. 17–28, hier S. 26 f.

210 König, *Leben im Widerspruch*, a. a. O., S. 195.

211 Émile Durkheim, *Regeln der soziologischen Methode*, hg., übersetzt und eingeleitet von René König, Neuwied/Berlin 1961. Wobei König (»Neues über Émile Durkheim«, a. a. O., S. 316) darauf aufmerksam macht, dass diese unbedingt im Zusammenhang mit Durkheims Montesquieu-Buch, der Methodologie des Sozialismuswerks und den Schriften über Pragmatismus zu lesen und zu beachten seien. Dennoch ist es interessant, dass es genau das Regeln-Buch Durkheims ist, das er zuerst übersetzt.

212 König, *Leben im Widerspruch*, a. a. O., S. 201.

213 Ebd.

214 Vgl. Albrecht, »Literaturbesprechung«, a. a. O.

nem Umfeld, das von der Durkheim-Schule wenig Ah-
nung hat. So versuchte Adorno 1967 in der Einleitung zur
Durkheim-Textsammlung *Soziologie und Philosophie*, mit
Durkheim auch zugleich König und im Zuge des Posi-
tivismusstreits das, was Adorno unter Positivismus verstand, in einem zu demontieren.[215] Adornos »Spieleifer«
geht sogar so weit, den Reformsozialisten und Moralis-
ten Durkheim in die Nähe faschistischer Ideologen zu
rücken.[216] König erkennt dieses Machtspielchen im soziologischen Feld sofort und reagiert mit dem »Nachwort zum ›Suicide‹« auf Adornos »zänkisches Gegeifere«,
in dem er alle Anschuldigungen und Fehllektüren korri-
giert.[217] Zu diesem Kampf gehört auch die harsche Kritik
an dem Durkheim-Buch der Adorno-Schülerin Inge Hofmann, die König vorwirft, die »Regeln« seien sein »esote-
risches Glaubensbekenntnis«.[218]

Was den Eckpfeiler der empirischen Sozialforschung betrifft,
mit dem König und die Kölner Schule meistens (ausschließlich) assoziiert werden, so ist die für die Nachkriegssoziologie typische »Amerikanisierung« bei König ebenfalls schon
viel früher zu verorten, genauer gesagt in dem nicht zuletzt
durch den *Sociologus* vermittelten[219] Interesse an der Chica-

---

215  Vgl. Peter, »Dialektik der Gesellschaft oder ›conscience collective‹«,
     a. a. O.
216  Vgl. Adorno, »Einleitung«, a. a. O., hier S. 15.
217  Vgl. René König, »Nachwort zum ›Suicide‹«, in: Ders., *Émile Durk-
     heim*, a. a. O., S. 208–238, hier S. 215 ff. Siehe auch René König,
     »Emile Durkheim. Der Soziologe als Moralist«, in: Dirk Kaesler
     (Hg.), *Klassiker des soziologischen Denkens. Bd. 1. Von Comte bis
     Durkheim*, München 1976, S. 312–364, hier S. 328.
218  Inge Hofmann, *Bürgerliches Denken. Zur Soziologie Emile Durk-
     heims*, Frankfurt am Main 1973, S. 198. Königs Kritik dieser »primi-
     tiv-marxistischen Vulgärphilosophie« in König, »Neues über Durk-
     heim«, a. a. O., S. 324 ff.
219  Vgl. Albrecht, »Nachwort«, a. a. O., S. 400.

go School. So habe König, laut Scheuch, die amerikanische Soziologie »in einer sehr spezifischen Ausprägung« nach Deutschland transportiert, »nämlich als Soziologie der zwanziger und vor allem der dreißiger Jahre. Diese Soziologie war sehr stark sozialpsychologisch geprägt und nahm ihre Themen aus dem, was wir heute wieder Lebenswelt nennen. […] Das gehört nun gar nicht zu Durkheim, aber René König war eben keine widerspruchsfreie Figur, sondern Eklektiker.«[220] Zu Durkheim gehört jedoch die Hinwendung zu konkreten gesellschaftlichen Problemen, die König mit empirischer Sozialforschung verbindet, eine Orientierung, worin sich die Durkheim- und die Chicago-Schule überhaupt nicht widersprechen. Auch beim Eckpfeiler der empirischen Sozialforschung ist die Tradition der Durkheim-Schule vollkommen sichtbar, auch wenn König nach dem Krieg einen intensiveren Austausch mit US-amerikanischen Sozialwissenschaftlern denn mit französischen unterhielt. Das von König herausgegebene *Handbuch der empirischen Sozialforschung* ist neben Vierkandt und Geiger zwei Durkheim-Schülern gewidmet (Mauss, Halbwachs). Im Vorwort zur dritten Auflage des *Handbuchs der empirischen Sozialforschung* heißt es dazu:

»[…] die erste Einführung in die amerikanische Soziologie erhielt ich neben *Vierkandt* durch meinen anderen Lehrer an der Universität Berlin, *Richard Thurnwald*, von dem ich überdies lernte, daß Soziologie ohne soziale und kulturelle Anthropologie ein Unding ist, und der gleichzeitig in Deutschland am energischsten gegen die blicklose soziologische Spekulation auftrat und für die Vereinigung der verschiedensten Perspektiven, von der allgemeinen Anthropologie über die Psychiatrie und Psychoanalyse bis zur Sozialpsychologie und empirischen Kulturwissenschaft, eintrat. Dies waren die gleichen Gedanken, die ich von meinen französischen Lehrern Marcel

---

220 Scheuch, »Soziologie als angewandte Aufklärung«, a. a. O., S. 60.

Handbuch
der empirischen
Sozialforschung
IN ZWEI BÄNDEN

Herausgegeben von
Prof. Dr. René König
unter Mitwirkung von Prof. Dr. H. Maus

ERSTER BAND

Bearbeiter: H. Albert, Köln · C. M. Arensberg, New York · A. Hawley,
Ann Arbor · G. Hollfurth, Marburg · P. Heintz, Köln-Santiago de Chile
P. R. Hofstätter, Hamburg · W. Mangold, Marburg · K. Mayer, Providence
J. Nehnevajsa, Pittsburgh · P. Neurath, New York · R. Pagès, Paris
G. Salomon-Delatour, Frankfurt/Main · E. K. Scheuch, Köln · A. Silber-
mann, Sydney-Köln · J. Szczepański, Lódz · H. D. de Vries Reilingh,
Amsterdam · H. Zetterberg, New York

Ferdinand Enke Verlag Stuttgart

Mauss und Maurice Halbwachs vermittelt erhielt. [...] Durch *Theodor Geiger* erfuhr ich schon früh die Bedeutung der Statistik für den
Ausbau einer positiven Soziologie als Erfahrungswissenschaft, dazu
aber noch die Lehren einer ›*furchtlosen Sozialwissenschaft*‹ [...].«[221]

Der Zusammenhang zwischen empirischer Sozialforschung
und gesellschaftlicher Praxis bzw. Konsequenzen ist für König
zentral. Die Forschungstechniken seien sekundär und wer-

---

221 René König, »Vorwort des Herausgebers zur dritten Auflage«, in:
Ders. (Hg.), *Handbuch der empirischen Sozialforschung. Bd. 1: Geschichte und Grundprobleme*, Stuttgart 1973, S. VI–XI, hier S. IX f.
Zur »furchtlosen Sozialwissenschaft« s. a. König, *Leben im Widerspruch*, a. a. O., S. 194. Die Initiative zum Handbuch ging von Heinz
Maus, einem von der Kritischen Theorie herkommenden Vertreter
der »Marburger Schule«, aus.

den von der Sache her entschieden.[222] Alles andere bezeichnet
er als »Fliegenbeinzählerei«, »Forschungstechnokratismus«
oder »Klempnermeisterei«.[223]

Dennoch fördert König die quantitative Sozialforschung
wie kein anderer seiner Zeit. Warum eigentlich? Er selbst war
ja kein ausgesprochener Kenner der dazugehörigen Methoden und Instrumentarien, hatte »keinen Bezug zu quantitativen Vorgehensweisen und verstand unter Empirie eher Feld-
studien im Sinne der Ethnologie.«[224] Zwei Dimensionen sind
hier von Bedeutung: Zum einen stammt der entscheidende
Impuls für die Sozialforschung »gerade aus dem Willen zur
Veränderung, der sich aus gehäuften existenziellen Unklar-
heiten, welche die Orientierung immer mehr belasten, entwickelt.«[225] Empirische Sozialforschung avanciert zu einer
Methode der *reeducation* der Deutschen.[226] Steht hinsichtlich
der bundesrepublikanischen Gesellschaft hierbei der Wille
zur *»aktiven Umformung der gegebenen Verhältnisse«*[227] im
Vordergrund, so ist zum anderen die quantitative Sozialfor-

222 René König, »Einige Bemerkungen über die Bedeutung der empi-
    rischen Sozialforschung in der Soziologie«, in: Ders., *Soziologe und
    Humanist*, a. a. O., S. 140–148, hier S. 147.
223 König, »›Tout va très bien …‹«, a. a. O., S. 156.
224 Scheuch, »Es mußte nicht Soziologie sein, aber es war besser so«,
    a. a. O., S. 209.
225 König, »Einige Bemerkungen …«, in: Ders., *Soziologe und Huma-
    nist*, a. a. O., S. 145.
226 »Aber er [gemeint ist König, S. M.] war der Meinung, die Deutschen
    hätten in den Sozialwissenschaften genug Hermeneutik gehabt, sie
    müßten empirische Sozialforschung betreiben. Daher förderte er
    Scheuch und andere Leute wie Rüschemeyer, die auf die Empirie
    setzten und die damals auch die Untersuchung vorantrieben, die zu
    den berühmten Aufsätzen in der ›Kölner Zeitschrift für Soziologie
    und Sozialpsychologie‹ geführt haben über die Selbsteinschätzung
    der Deutschen«, so der damalige König-Student Hans-Ulrich Weh-
    ler, *Eine lebhafte Kampfsituation*, a. a. O., S. 47 f.
227 König, »Einige Bemerkungen …«, in: Ders., *Soziologe und Huma-
    nist*, a. a. O., S. 144.

schung im Hinblick auf das soziologische Feld ein probates Kampfmittel gegen Adorno und Schelsky.[228]

Versucht man insgesamt Königs Entwicklung der empirischen Sozialforschung zu erfassen, so lässt sich eine Art methodische »Kreisbewegung« ausmachen, wie Dieter Fröhlich festgestellt hat:

»Er begann in der deutschen geisteswissenschaftlichen Tradition der Hermeneutik, der Lehre vom Verstehen, Deuten, Auslegen, Interpretieren, setzte sich aber bald von ihr ab und propagierte objektive Erkenntnis mit Hilfe empirischer, quantitativer Methoden. [...] Er selbst konnte sich in seiner eigenen Forschung mit diesen Methoden nie recht anfreunden und war sehr unsicher in ihrer Anwendung. Für ihn hätte es nahegelegen, die qualitativen Methoden zu fördern, die sich ab den 1980er Jahren in Deutschland entwickelten. Aber auch ihnen konnte er nichts abgewinnen [...]. Der engste Familien- und Freundeskreis kannte Königs Verachtung des deutschen Bildungsbürgertums wegen seines historischen Versagens angesichts des Nationalsozialismus, was er offensichtlich mit der hermeneutischen Verstehenstradition dieses Bürgertums in Verbindung brachte. [...] Wahrscheinlich sah er in der eher positivistischen Wissenschafts- und Denktradition vor allem der angelsächsischen Länder größere Erziehungspotentiale zur Festigung von Zivilgesellschaft und Demokratie, die er über sein Eintreten für Empirie und Objektivität festigen wollte.«[229]

---

228  König, »Einige Bemerkungen ...«, in: Ders., *Soziologe und Humanist*, a. a. O., S. 141 ff. Siehe auch Scheuch, »Es mußte nicht Soziologie sein, aber es war besser so«, a. a. O., S. 209.

229  Fröhlich, »Nachwort«, a. a. O., S. 524 f. Die Kritik an der Verstehenstradition, die automatisch in die Sackgasse des Ethnozentrismus führe, speist sich auch aus Thurnwalds Annahme, das Verstehen führe als Forschungstechnik zur »Mißdeutung« und »Verzerrung«, was damals gleichsam eine Provokation in der Berliner Atmosphäre des Diltheyismus darstellte (König, »Soziologie in Berlin um 1930«, a. a. O., S. 42).

Die Kreisbewegung besteht nun darin, dass er später – etwa auch in seinen Forschungen über die Indianer – wieder zu seinen hermeneutischen Anfängen zurückkehrt, um dann aber nochmal eine Wendung einzuführen hin zu einer empathischen Ethnologie, wie man sie etwa von dem Mauss-Schüler Michel Leiris kennt.[230] In *Soziologie und Ethnologie* spricht König 1984 von »Ergriffenheit« und der Fähigkeit des teilnehmenden Beobachters, sich »überraschen« zu lassen – im Gegensatz zur »geruhsamen Beobachtung.[231] Und weiter, dass dadurch auch die »Begrenztheit der Kategorie des Verstehens immer greifbarer sichtbar« werde, weswegen sich »die Ethnomethodologie darum letztlich als Holzweg [erweise], *weil sie das entscheidende Problem der Ethnologie, nämlich die Erkenntnis des ›Anderen‹, des ›Fremden‹, in seiner spezifischen Motivationsstruktur nicht annähernd begriffen hat. […]* Hier bedarf die Soziologie noch einer stärkeren Durchdringung mit Ethnologen.«[232]

Wirft man noch einen knappen Blick auf seine moralische bzw. »moralistische Gegenwartsdiagnostik« (Albrecht),[233] so kann man sich, was die Frage nach den für König relevanten Thematiken angeht, zunächst an den Eintragungen des die

---

230 Vgl. zu dieser von den *durkheimiens* inspirierten Ethnosoziologie der Zwischenkriegszeit Stephan Moebius, *Die Zauberlehrlinge. Soziologiegeschichte des Collège de Sociologie 1937–1939*, Konstanz 2006. In gewisser Weise ist das Collège mit seinem Ausspruch, das »Primitive sei nicht so weit von der Sorbonne entfernt, wie sie meine«, auch König in einem anderen Punkt nahe. In Königs frühem Aufsatz zu den neusten Strömungen der französischen Soziologie Anfang der 1930er Jahre geht dieser im Anschluss an Lucien Lévy-Bruhl von einer »primitiven« »natürlichen Welthaltung« aus, die »tiefenmäßig« allem menschlichen Geist und Seele inne wohnt. (René König, »Bilanz der französischen Soziologie um 1930«, in: Ders., *Émile Durkheim zur Diskussion*, a. a. O., S. 56–103, hier S. 82 ff.

231 König, »Soziologie und Ethnologie«, a. a. O., S. 25.

232 König, »Soziologie und Ethnologie«, a. a. O., S. 31

233 Vgl. auch in Lüschen, *Das Moralische in der Soziologie*, a. a. O.

Kölner Soziologieausrichtung prägenden Fischer-Lexikons orientieren. Das sind die zunächst an Durkheim erinnernden Topoi der bereits erwähnten Arbeitsteilung und der Anomie, aber auch Bürokratisierung, Familie, Gemeinde, Struktur und Wandel von Industrie und Betrieben, Institution, Masse und Massenkommunikation, Mobilität, Schichtung, soziale Kontrolle, sozialer Wandel, unterentwickelte Gesellschaften und Vorurteile und Minoritäten zu nennen. Hinzuzufügen wären noch etwa Königs Arbeiten zu Kunst, Konsum, Mode, Technik, Beruf, Alter oder Jugend. Zu all diesen Themen hat König jenseits des Lexikons auch zahlreiche Einzelanalysen vorgelegt, ohne je einen dieser sozialen Tatbestände zum alleinigen Grundprinzip des Sozialen zu hypostasieren, wie dies in werbewirksamen, aber darum noch lange nicht aussagekräftigen Zeitdiagnosen zuweilen geschieht.[234] Unschwer lässt sich ein Zusammenhang der von König aufgegriffenen Themen zu den zeitgenössischen gesellschaftspolitischen und kulturellen Problemen seiner Zeit herstellen. Einige zentrale Punkte der Gegenwartsdiagnose wurden bereits angesprochen, etwa Königs Kritik an der Nivellierungsthese Schelskys und die damit verbundene Kennzeichnung der modernen fortgeschrittenen Industriegesellschaft als komplexe pluralistische Gesellschaft mit spezifischen »cultural lags«. Soziologie dient dabei stets als ein kritisches »Instrument der Bewußtseinserweiterung der modernen Gesellschaften«[235], sie ist eine »Moralwissenschaft«.[236] Zu erwähnen ist jedoch, dass auch in der Gegenwartsdiagnostik die Ethnologie eine nicht unwichtige Rolle spielt, indem König etwa gegen manche Spielarten der Mo-

---

234  Gemeint sind die von Joachim Fischer sogenannten »soziologischen Wimmelbegriffe« wie etwa Wissens-, Erlebnis- oder Informationsgesellschaft. Gegen diese Art von Zeitdiagnose siehe König, »Gesellschaftliches Bewusstsein und Soziologie«, a. a. O., S. 358 f.

235  König, »Die Entfaltung der modernen Soziologie«, a. a. O., S. 127.

236  So König nach einem Bericht von Lüschen, »Entwicklung und Programm einer Soziologie der Moral«, a. a. O., S. 10.

dernisierungstheorien gewandt betont, dass man die Strukturen der modernen Gesellschaft »etwas mehr als Ethnolo-
ge betrachten sollte, das heißt von außen, und nicht so, als ob
man von vornherein alle Ziele dieser Gesellschaft teilen würde.«[237] Und hervorzuheben ist darüber hinaus die Orientierung an den »sozial-moralischen Leitideen von Freiheit und
Menschenwürde«[238], die Königs Gegenwartsdiagnose ständig
begleitet. Pointiert hat König selbst einmal geschrieben:

»Die Soziologie als Gegenwarts-›Wissenschaft‹ weiss aber mit end-
geschichtlichen Visionen nichts anzufangen, sie will auch nicht ›das
Reich erzwingen‹, sondern sie will kämpfen mit dem Unsinn dieses
Lebens auf ihre Weise, auf dass der allseits eingestandenen und von
keinem Klarblickenden geleugneten Schwierigkeiten, Reibungen,
Spannungen und Nöte um einiges weniger werden möchten. Die
Soziologie als Gegenwartswissenschaft kennt auch kein ›Absolutes‹
[…]. Das ewig Relative, der unaufhörlich sich umwälzende Prozess
gesellschaftlichen Werdens ist ihr einziges Feld. Und wenn sie nach
festen Werten Ausschau hält, so sucht sie diese auch nicht in einem
›Reich der Freiheit‹ […], sondern ausschliesslich in dem Rahmen,
der durch zwischenmenschliche Beziehungen und ihre Ordnungen
in Brauch, Sitte und Recht abgesteckt wird.«[239]

Zusammenfassend lässt sich bei Betrachtung der Eckpfeiler der König'schen Lehre, wenn man so will, auch hier ein
Widerspruch ausmachen: Seine Soziologie und der dahinter
steckende Habitus scheinen weiter und offener, ja transdiszi-
plinärer zu sein, als es die eigene Beschränkung auf eine »Soziologie, die nichts als Soziologie« sein soll, vermuten lassen.

---

237 René König, *Aktuelle und anthropologische Perspektiven der Jugend-
    forschung*, hg. von der Zentralsparkasse und Kommerzialbank Wien,
    Wien 1988, S. 15–24, hier S. 15.
238 König, *Soziologie heute*, a. a. O., S. 38.
239 König, *Soziologie heute*, a. a. O., S. 37.

## 2.3 Die Schüler

Das soziologische Feld der 1960er und dann insbesondere der 1970er Jahre wird immer mehr durch die Folgegeneration geprägt, also diejenige Generation, die nach 1945 Schüler, Assistenten oder Mitarbeiter bei König, Schelsky, Adorno/Horkheimer, Stammer, Abendroth oder Plessner waren.[240] Die »Schulen« werden differenzierter und diversifizierter, die Soziologie insgesamt institutionalisierter und akademisierter. Neue theoretische Positionen und Kontroversen bestimmen die Debatten im Feld,[241] man denke etwa an die Systemtheorie Luhmanns, Habermas' Theorie des kommunikativen Handelns, die Phänomenologie oder die aufkommenden Gender Studies sowie an die Rollendebatte, die Theorienvergleichsdebatte, die Anti-Soziologie Schelskys oder Friedrich H. Tenbrucks Kritik an soziologischen »Strukturlehren«.[242] Der größte Teil der »Nachkriegskohorte« oder »Zweiten Generation der bundesdeutschen Soziologie« (Bude/Neidhardt), die einen wesentlichen Anteil an dem Aufbau, der Institutionalisierung und dem professionellen Ausbau der Soziologie als akademisches Fach an den Hochschulen hat, ist bei aller Differenzierung[243] größtenteils durch ein (vorgeblich) »antiideologisches Realitäts- und Orientierungsbedürfnis« und

---

240 Karl Martin Bolte/Friedhelm Neidhardt (Hg.), *Soziologie als Beruf. Erinnerungen westdeutscher Hochschulprofessoren der Nachkriegsgeneration, Sonderband 11 der Sozialen Welt*, Baden-Baden 1998.

241 Vgl. Kneer/Moebius, *Soziologische Kontroversen*, a. a. O.

242 Vgl. Karl-Siegbert Rehberg, »Das Unbehagen an der Soziologie. Antisoziologische Motive und die Etablierung einer akademischen Soziologie«, in: Kneer/Moebius, *Soziologische Kontroversen*, a. a. O., S. 217–253.

243 Siehe dazu instruktiv Christoph Weischer, *Das Unternehmen ›Empirische Sozialforschung‹. Strukturen, Praktiken und Leitbilder der Sozialforschung in der BRD*, München 2004, S. 121 ff., 124 ff.

eine »Wendung zur Sache« gekennzeichnet.[244] Die Gräben zwischen den Schulen sind in dieser Generation der so genannten »Fünfundvierziger«[245] eingeebneter: »Für Verständigungen reichte der großen Mehrheit, Soziologie als eine empirisch orientierte Disziplin zu begreifen […]«.[246] Angesichts der Erfahrungen des wirtschaftlichen Aufschwungs einerseits, Mitte der 1960er des ersten Stockens dieses Aufschwungs andererseits, vor dem Hintergrund der sozialen Mobilität und der Zunahme der Kaufkraft größerer Bevölkerungsgruppen in Westdeutschland, sind für die Mehrheit dieser Soziologiegeneration die bevorzugten Themen die Industriesoziologie, Freizeit, Konsum, soziale Schichtung und soziale Ungleichheit (hier nun mit verstärktem Fokus auf die ungleichen Bildungschancen), nicht behandelte Themen hingegen: weiterhin der Nationalsozialismus, aber auch die Teilung Deutschlands sowie die *counter culture* der 68er.[247]

Königs Aversion gegen die »muffige und bigotte Atmosphäre des Adenauer-Regimes«[248] schlug sich auch auf seine

---

244 Heinz Bude/Friedhelm Neidhardt, »Die Professionalisierung der deutschen Nachkriegssoziologie«, in: Karl Martin Bolte/Friedhelm Neidhardt (Hg.), *Soziologie als Beruf*, a. a. O., S. 405–418, hier S. 406 ff.

245 Es ist hier der »Generationszusammenhang« (Mannheim) der Jahrgänge zwischen 1925 und 1930 gemeint, deren gemeinsamer generationsspezifischer (aber durchaus höchst unterschiedlich erfahrener und gedeuteter) historischer Hintergrund des Nationalsozialismus, der Weltkrieg und die Befreiung von 1945 darstellt. Vgl. Dirk Moses, *German Intellectuals and the Nazi Past*, Cambridge 2007, S. 55 ff.; Leendertz, *Die pragmatische Wende*, a. a. O., S. 62 ff.; Heinz Bude/ Friedhelm Neidhardt, »Die Professionalisierung der deutschen Nachkriegssoziologie«, a. a. O., S. 408.

246 Ebd., S. 408.

247 Ebd., S. 414. Siehe auch M. Rainer Lepsius, »Erwartungen an die Soziologie«, in: Sahner (Hg.), *Soziologie als angewandte Aufklärung*, a. a. O., S. 13–21, hier S. 15 f.

248 König, *Leben im Widerspruch*, a. a. O., S. 179, 185.

Schüler nieder oder wurde von diesen geteilt. Dies trifft allerdings nach Burkart Lutz für einen großen Teil der soziologischen Nachkriegskohorte allgemein zu, deren Wunsch es gewesen sei, sich »aktiv und kritisch mit dieser dumpfen, stickigen, rückwärtsgewandten Atmosphäre der Adenauer'schen Bundesrepublik in den fünfziger Jahren auseinanderzusetzen [...]«.[249] Wobei die Schulen sich auf ganz unterschiedliche Weise damit auseinander- und Akzente setzen. Kölner Studierenden der 1950er und 1960er Jahre war nach Hans-Joachim Hummell »die Konzeption einer Soziologie als positiver Einzelwissenschaft – manchmal seitens der Zuhörer mit einer gewissen Emphase übersteigert zu einer ›Soziologie jenseits von Metaphysik und Werturteilen‹ – ein willkommenes ›rationalistisches Gegengift‹ zu gewissen restaurativen Tendenzen der Adenauer-Ära, die ideengeschichtlich als Ausfluß einer ›deutschen Ideologie‹ bildungshumanistischer Provenienz mit idealistisch-geisteswissenschaftlicher Unterlagerung wahrgenommen wurden [...].«[250] Trotz allem Unmut darüber kommt es (auch) bei der Kölner Nachkriegskohorte dennoch nicht zu einer systematischen Gesellschaftskritik der von ihnen wahrgenommenen restaurativen Tendenzen, den damit einhergehenden Hierarchien und tief sitzenden gesell-

---

249 Burkart Lutz, »Soziologie als Entdeckung«, in: Sahner (Hg.), *Soziologie als angewandte Aufklärung*, a. a. O., S. 35–43, hier S. 39.

250 Hans-Joachim Hummell, »Nachwort«, in: René König, *Kritik der historisch-existenzialistischen Soziologie. Ein Beitrag zur Begründung einer objektiven Soziologie,* neu hg. und mit einem Nachwort versehen von H.-J. Hummell. Schriften Bd. 3, Opladen 1998, S. 309–323, hier S. 311. Dabei ist die mit der Betonung der empirischen Sozialforschung intendierte Abwendung von den Geisteswissenschaften nicht nur eine *boundary work* gegen die gesellschaftlichen Tendenzen, sondern auch Abgrenzungsmittel gegenüber anderen Disziplinen im wissenschaftlichen Feld. Siehe dazu Weischer, *Das Unternehmen ›Empirische Sozialforschung‹*, a. a. O., S. 128 ff.

schaftlichen Ungleichheiten, dafür ist man vielleicht noch zu sehr auf Wunsch nach Konsolidierung und Sicherheit aus.[251]

Von den bereits erwähnten Schülern Königs sollen hier an dieser Stelle insbesondere die Assistenten Erwin K. Scheuch, Peter Heintz, Dietrich Rüschemeyer und Peter Atteslander in knapper Form betrachtet werden, da sie an den ersten Jahren in Köln unmittelbar und wesentlich teil hatten.[252]

### Erwin K. Scheuch

Starke habituelle Prägungen erfuhr Scheuch durch den sozialen Abstieg der Familie aufgrund der plötzlichen Arbeitslosigkeit des Vaters; der »einzige Stolz blieb ihr Sohn, von dem sie hoffen durften, er werde den sozialen Wiederauf-

---

251  Moses, *German Intellectuals and the Nazi Past*, a. a. O., S. 72; Conze, *Die Suche nach Sicherheit*, a. a. O.

252  Atteslander und Rüschemeyer waren auch Babysitter bei der Familie König. Zu anderen Schülern von König vgl. etwa deren biographische Skizzen: Hans-Jürgen Daheim, »Soziologie als Beruf in der Universität«, in: Bolte/Neidhardt, *Soziologie als Beruf*, a. a. O., S. 315–329; Fritz Sack, »Wie wurde ich Soziologe?«, in: Monika Jungbauer-Gans/Christiane Gross (Hg.), *Soziologische Karrieren in autobiographischer Analyse*, Wiesbaden 2010, S. 21–51, hier S. 42 ff.; Rolf Ziegler, »Chancen und Herausforderungen – ein autobiographischer Rückblick«, in: Jungbauer-Gans/Gross (Hg.), *Soziologische Karrieren*, a. a. O., S. 53–74; Günter Büschges, »Auf verschlungenen Pfaden zur Lehre und Forschung praxisrelevanter empirischer Soziologie: eine biografische Annäherung«, in: Bolte/Neidhardt, *Soziologie als Beruf*, a. a. O., S. 151–169; siehe auch die Erinnerungen von Schülern, Freunden und Kollegen in Alemann/Kunz, *René König. Gesamtverzeichnis der Schriften*, a. a. O., zu nennen wären etwa neben den bereits genannten wie Daheim, Hoffmann-Nowotny, Ziegler, Sack und Lepsius auch noch Hans Peter Thurn, Hans J. Hummell, Dieter Fröhlich, Heine von Alemann, Gerhard Kunz, Heinz Sahner, Wolfgang Sodeur, Günther Lüschen, Michael Klein, Karl-Dieter Opp, Günter Albrecht, Klaus Allerbeck oder Kurt Hammerich. Die Mitgliederliste der René-König-Gesellschaft (www.rene-koenig-gesellschaft.de) gibt weiteren Aufschluss (auch über jüngere), die sich ebenfalls der Kölner Schule bzw. König verbunden fühlen.

stieg schaffen«.[253] »Von hier aus«, so die Interpretation von
Karl-Siegbert Rehberg, »entwickelte sich Scheuchs eigener
Aufstiegswille, seine Entschlossenheit und eine existentielle
Fundierung von Leistungsprinzipien«; hier seien auch die
späteren Forschungsinteressen Scheuchs, wie etwa die Soziologie der sozialen Schichtung und Mobilität, »biographisch
verankert«.[254] Nach dem Abitur erhielt Scheuch das Angebot,
beim Nordwestdeutschen Rundfunk zu arbeiten, er entschied
sich jedoch 1949, in Köln das Studium der Volkswirtschafts-
lehre und Soziologie aufzunehmen.[255]

Nach kurzer Zeit des Studiums empfahl ihn Leopold von
Wiese für ein einjähriges Stipendium des German Exchange
Program (das spätere Fulbright Scholarship) des Office of the
United States High Commissioner for Germany (HICOG).[256]
1951 schloss Scheuch an der University of Conneticut seinen
BA mit Auszeichnung ab. Dort absolvierte er ein »besonders
starkes Programm in quantitativer Sozialforschung«, dem
sich Scheuch – neben der intensiven Lektüre Max Webers –
besonders widmete.[257] Es folgte eine Assistentenstelle an der
Clark University, die er aber vorzeitig abbrach, um nicht in
den Korea-Krieg eingezogen zu werden. Wie für manch andere seiner Generation und seiner Kollegen in Köln wird der
USA-Aufenthalt zu einem bedeutsamen Moment der akade-

---

253  Ute Scheuch, *Erwin K. Scheuch*, a.a.O., S. 9.
254  Karl-Siegbert Rehberg, »Nekrolog. In memoriam Erwin K. Scheuch
     (28.6.1928–12.10.2003)«, in: *KZfSS*, 55/2003, S. 819–821.
255  Zur Kindheit und den für Scheuchs Habitus prägenden Erfahrun-
     gen siehe neben Scheuch, »Es mußte nicht Soziologie sein, aber es
     war besser so«, a.a.O., S. 199 und Ute Scheuch, *Erwin K. Scheuch*,
     a.a.O. auch das Interview mit dem bayrischen Rundfunk vom
     18.6.1999 (alpha Forum): www.br-online.de/download/pdf/alpha/s/
     scheuch.pdf (Zugriff 21.12.2012).
256  Scheuch, »Es mußte nicht Soziologie sein, aber es war besser so«,
     a.a.O., S. 205ff.; Ute Scheuch, *Erwin K. Scheuch*, a.a.O., S. 86ff.
257  Scheuch, »Es mußte nicht Soziologie sein, aber es war besser so«,
     a.a.O., S. 206.

mischen Sozialisation und des späteren Erfolgs: Konnte man
hierbei doch »schließlich ›Kapitalien‹ in Form von Wissen
um die Konzepte und Praktiken empirischer Sozialforschung
[akkumulieren], die später für die eigene Karriere gewinn-
bringend eingesetzt werden konnten.«[258]

Scheuch kehrt nach Köln zurück und studiert dort weiter,
unter anderem bei Alfred Müller-Armack, Günter Schmölders und René König. Mit dem im Vergleich zu seinen Alters-
genossen immensen Vorsprung in der Ausbildung in quantitativen Methoden bekommt er Mitte 1952 eine Stelle als
wissenschaftliche Hilfskraft am UNESCO Institut, das für die
empirische Orientierung der Kölner Soziologie ebenfalls bedeutsam ist.

Das im Juni 1951 auf Initiative der UNESCO-»Beamtin«
und späteren Friedensnobelpreisträgerin Alva Myrdal gegründete UNESCO Institut für Sozialwissenschaften widmete sich zunächst Community Studies.[259] Die erste Studie war
eine Gemeindestudie und startete 1952. Veröffentlicht wurde
die dann auch als Herchen Studie bekannte Arbeit, die zugleich die Schriftenreihe des Kölner Instituts eröffnete, 1954
*(Das Dorf im Spannungsfeld industrieller Entwicklung)*. Verfasst hatten sie Gerhard Wurzbacher[260] und Renate Pflaum

---

258 Weischer, *Das Unternehmen ›Empirische Sozialforschung‹*, a. a. O.,
S. 123.

259 Zum UNESCO-Institut siehe den instruktiven Aufsatz von Alexia
Arnold, »›… evidence of progress‹. Die UNESCO-Institute für Sozialwissenschaften, Pädagogik und Jugend in den 1950er Jahren«,
in: Hans Braun et al. (Hg.), *Die lange Stunde Null. Gelenkter sozialer Wandel in Westdeutschland nach 1945*, Baden-Baden 2007, S. 251–
290, hier S. 264 ff. sowie auch Axel Demirovic, *Der nonkonfor-
mistische Intellektuelle. Die Entwicklung der Kritischen Theorie zur
Frankfurter Schule*, Frankfurt am Main 1999, S. 313 ff.

260 Zu dem zuvor bei Schelsky arbeitenden Wurzbacher, dessen Nazi-
Vergangenheit sowie überhaupt zur Kontinuität empirischer Soziologie im Dritten Reich und in der Nachkriegssoziologie siehe Klingemann, *Soziologie und Politik*, a. a. O., S. 271 ff., zu Wurzbacher und

(später Mayntz), Scheuch war mit im Forscherteam und erstattete König Bericht über den Fortgang der Studie.[261] Nach Conrad Arensberg hatte im Herbst 1952 Nels Anderson den Posten als Forschungsdirektor übernommen, der zusammen mit König eine Forschergruppe über Familie aufbaute und durch den Scheuch zu einem »sozialwissenschaftlichen Interviewer« wurde.[262]

Von Anfang an wurde Scheuch maßgeblich von König gefördert, der ihn seit 1952 Kurse in empirischer Sozialforschung abhalten und sogar auch in Rundfunksendungen teilnehmen ließ.[263] Nach dem Diplom bietet ihm König 1953 eine Assistentenstelle an.

»Mein Kollege an der Kölner Universität wurde Dietrich Rüschemeyer, der ein entschiedener Parsonianer war. Meine Meister in der Theorie waren und blieben Max Weber, Talcott Parsons und Émile Durkheim – ungefähr in dieser Reihenfolge –, ich war ein empirischer Sozialforscher, der vorwiegend mit den Werkzeugen der quantitativen Sozialforschung arbeitete, und ich interessierte mich dennoch besonders für Makrophänomene. Von René König übernahm ich ganz besonders dessen ethnologisches und historisches Wissen, das seine Kollegen in Deutschland weithin – bis heute – übersehen haben. [...] Auch wenn Dietrich Rüschemeyer und ich in den weite-

---

Scheuch S. 276 f.; Carsten Klingemann, »Soziologie«, in: Jürgen Elvert (Hg.), *Kulturwissenschaften und Nationalsozialismus*, Stuttgart 2008, S. 390–444, hier S. 433 f.

261 Ute Scheuch, *Erwin K. Scheuch*, a. a. O., S. 115 ff.

262 Scheuch, »Es mußte nicht Soziologie sein, aber es war besser so«, a. a. O., S. 208. Zu Anderson siehe Alexia Arnold, »Nels Anderson in Germany: From Interim Assignment to Long-Term Involvement«, in: Cherry Schrecker, *Transatlantic Voyages: The Migration and Developement of Ideas*, Burlington 2010, S. 167–285 sowie auch Noel Iverson, »Nels Anderson: A Profile«, in *Labour/Le Travail*, Nr. 63, Spring 2009, S. 181–205.

263 Ute Scheuch, *Erwin K. Scheuch*, a. a. O., S. 121 ff.

ren Jahren in Deutschland als Missionare der Kölner Version amerikanischer Soziologie angesehen wurden, verstanden wir selbst uns nie als eine Schule in dem Sinn, daß die Jünger die Worte eines Meisters wiedergeben.«[264]

Im Spannungsfeld der Kerntriade der 1950er wird er für kurze Zeit im Sinne eines Burgfriedens als »Page« nach Frankfurt entsandt, um mit der Überzeugung zurückzukehren, dass ihn die dortigen »geisteswissenschaftlichen Haarspaltereien und ästhetischen Exkurse« zu Tode langweilen.[265]

Scheuch promoviert über die »Anwendung der Stichprobentheorie auf menschliche Bevölkerungen« und beteiligt sich mit Rüschemeyer und Heintz an der Herausgabe der von der Rockefeller Foundation geförderten Reihe »Praktische Sozialforschung«.[266] 1956 beendet er seine Promotion mit »summa cum laude«. Weiterhin Assistent von König kann er nicht nur von dessen internationalem Renommee profitieren, er wird von ihm auch dazu gedrängt, auf internationalen Kongressen präsent zu sein.[267] Königs Förderung beinhaltet zudem, seine Schüler an dem Fischer-Lexikon mit Beiträgen zu beteiligen. Es schreiben in der Neuausgabe von 1967 neben König Scheuch, Lepsius, Bolte, Rüschemeyer, Silbermann, Ziegler und Willems. »Dass er an diesem Lexikon mitarbeiten durfte, hatte ihn in seinem Respekt vor einer eklektischen Soziologie bestärkt, wie König sie lebte, und in seiner Abneigung, sich auf eine einzelne Orientierung fest-

---

264 Scheuch, »Es mußte nicht Soziologie sein, aber es war besser so«, a. a. O., S. 211.

265 Ebd. Hier auch das Bild des »Burgfriedens«.

266 Scheuch, »Es mußte nicht Soziologie sein, aber es war besser so«, a. a. O., S. 213. Scheuch war bei dem ersten Band über *Das Interview* bei der 2. Auflage (1957, bei der 1. Aufl. 1952 hatte er die Bibliographie erstellt) und mit Peter Heintz bei dem zweiten Band über *Beobachtung und Experiment in der Sozialforschung* (1956) dabei.

267 Vgl. Ute Scheuch, *Erwin K. Scheuch*, a. a. O., S. 185.

zulegen.«[268] Dabei schont König seine Schüler nicht. In deren Augen hat er die Tendenz, sie »als Assistenten sehr zu belasten. Damit ist nicht gemeint, dass er seine Mitarbeiter für eigene Zwecke arbeiten ließ – wie das in deutschen Universitäten beim Ordinarienprinzip weit verbreitet war –, gemeint ist hier die Vielzahl der Projekte für das Institut, die König einfielen oder ihm von einem weltweiten Bekanntenkreis nahegebracht wurden.«[269]

Eine Stipendienvergabe der Rockefeller Foundation ermöglicht Scheuch 1959 einen längeren Aufenthalt in den USA, »to study methodological aspects of survey methods in the social sciences with particular emphasis on the problems of scaling«, wie es in der Rockefeller-Akte heißt.[270] Im Rückblick auf seine Besuche an der Columbia, in Chicago, Yale, Princeton, Stanford und Harvard schrieb er: »Nie mehr in meinem Leben habe ich so Vielfältiges in relativ kurzer Zeit lernen dürfen. Ich erinnere mich an faszinierende Seminare, die Paul F. Lazarsfeld und Robert K. Merton gemeinsam abhielten, an bewegende Gespräche mit Leslie Kisch und Robert Cannel – um nur einige Begegnungen zu erwähnen.«[271] Nicht nur die Soziologie, auch das amerikanische Hochschulsystem wirkt für Scheuch beeindruckend.

Nach Köln zurückgekehrt und in den Methoden der quantitativen Sozialforschung bestens ausgebildet, wird Scheuch Ende 1961 mit einer Arbeit über »Skalierungsverfahren als Instrument der Sozialforschung« in Soziologie habilitiert. Zuvor

---

268  Ute Scheuch, *Erwin K. Scheuch*, a. a. O., S. 240.
269  Scheuch, »Es mußte nicht Soziologie sein, aber es war besser so«, a. a. O., S. 214.
270  Akte Erwin K. Scheuch, A 58391, Rockefeller Fellowship Cards, Rockefeller Archive Center, Kopie zur Verfügung gestellt von Christian Fleck.
271  Scheuch, »Es mußte nicht Soziologie sein, aber es war besser so«, a. a. O., S. 214.

erhielt er im gleichen Jahr den Ruf nach Harvard, um dort für drei Jahre als Dozent für Sozialpsychologie am Department for Social Relations zu lehren. »Zu diesem Zeitpunkt war ich gewiß, daß ich als Soziologe in erster Linie international vergleichend tätig sein wollte.«[272]

1961 erlangt Scheuch zudem auch mediale Aufmerksamkeit, als er am 17. September im ZDF den Ausgang der Bundestagswahl kommentiert. Im Anschluss daran entwickelt sich eine Art »Methodenstreit« mit Noelle-Neumann um das Verfahren richtiger Stichprobenziehung.[273] Ausgehend davon wird Scheuch von der DGS gebeten, eine Methodensektion zu gründen, die bis heute existiert. Die von Scheuch, dem Politikwissenschaftler Rudolf Wildenmann und Gerhard Baumert (DIVO) konzipierte Wahlstudie 1961 gilt bis heute als Vorbild und »Keimzelle einer bundesrepublikanischen Wahlforschung, deren Ansprüche über den Horizont von reinen Meinungsbefragungen hinausreicht […].«[274]

Mit maßgeblicher Unterstützung durch König[275] wird Scheuch 1964 zunächst als Extra-Ordinarius nach Köln berufen und Ko-Direktor (neben Schmölders) des Kölner Zentralarchivs. König will jedoch die Umwandlung in ein »persönliches Ordinariat« versuchen. Sogleich schmiedet Scheuch begeistert Pläne, um in Köln ein »international erstklassiges Forschungsprogramm« aufzubauen, strategisch sei am besten, »›internationale Vergleiche zu betonen. Insbesondere komparative Forschung für Industriegesellschaften ist m. E. ein

---

272 Ebd., S. 223.
273 Vgl. Ebd., S. 216 ff.; Ute Scheuch, *Erwin K. Scheuch*, a. a. O., S. 302 ff. Rückblickend beurteilt Scheuch seine Wahlstudie 61 als die für seine »Entwicklung als Empiriker wichtigste Untersuchung« (Ebd., S. 216).
274 Weischer, *Das Unternehmen ›Empirische Sozialforschung‹*, a. a. O., S. 93.; Siehe auch Ute Scheuch, *Erwin K. Scheuch*, a. a. O., S. 298 ff.
275 Vgl. Ute Scheuch, *Erwin K. Scheuch*, a. a. O., S. 374 ff.

Mittel, soziologische Theorie zu befördern‹.«[276] Wäre der Ruf nach Köln nicht gekommen, hätte er sich um eine Vertragsverlängerung in Harvard oder um eine andere Stelle in den USA bemüht, ist nun aber nicht zuletzt auch wegen seiner in Deutschland lebenden und zu versorgenden Mutter dankbar, »Kölner« bleiben zu dürfen.[277] Einen weiteren Ruf nach Berlin nutzt Scheuch in den Verhandlungen in Köln zur Umwandlung des Extraordinariats in ein Ordinariat für besondere Soziologie.[278] 1965 gründet er das Institut für international vergleichende Sozialforschung – etwa ab 1968 in Institut für vergleichende Sozialforschung umbenannt – (1975 unter Scheuch und der neuen Lehrstuhlinhaberin Renate Mayntz dann Institut für angewandte Sozialforschung).[279]

Gleichzeitig kommt es zu »erheblichen Mißstimmungen zwischen Scheuch und König«[280], die sich dann – wie erwähnt – aufgrund der unterschiedlichen Bewertung der Studierendenproteste 1968 weiter zuspitzen. Die empirische

---

276  Brief von Scheuch an König vom 4.11.1963 zitiert aus Ute Scheuch, *Erwin K. Scheuch*, a. a. O., S. 378.

277  Ute Scheuch, *Erwin K. Scheuch*, a. a. O., S. 375, 378.

278  Scheuch, »Wissenschaft – Anwendung – Publizistik«, a. a. O., S. 248 ff.; Ute Scheuch, *Erwin K. Scheuch*, a. a. O., S. 394.

279  Neben den Soziologie-Lehrstühlen existierten in Köln noch andere sozialwissenschaftliche Forschungseinrichtungen wie das Seminar für Sozialpolitik und Genossenschaftswesen sowie das Institut für Selbsthilfe (Ludwig Heyde, Gerhard Weisser). »Dieses Nebeneinander sehr unterschiedlicher Vorstellungen von Sozialwissenschaft und Sozialforschung machte in Köln das Klima aus, das von prominenten Studierenden beschrieben wurde […]. Verglichen mit der Forschungslandschaft an anderen Hochschulstandorten wurde in Köln von Scheuch und König recht gezielt ein *institution building* betrieben.« (Weischer, *Das Unternehmen ›Empirische Sozialforschung‹*, a. a. O., S. 94.) Zum »institution building«, zu dem das ZUMA oder GESIS zählt, Scheuch, »Wissenschaft – Anwendung – Publizistik«, a. a. O., S. 255 ff.

280  Ute Scheuch, *Erwin K. Scheuch*, a. a. O., S. 392.

Soziologie gerät nun immer mehr in die Defensive, wird zugunsten der Kritischen Theorie weniger als »angewandte Aufklärung«[281] und wissenschaftliche Begleitung des bundesrepublikanischen Demokratisierungsprozesses gesehen denn
vielmehr als Bewahrerin des status quo.[282] Seit 1968 verschrieb
sich Scheuch nun dem »Kampf gegen die Neue Linke«. Als
»Kampforganisation«[283] gründet er 1970 unter anderem
mit Wilhelm Hennis, Hermann Lübbe und Ernst Nolte den
»Bund Freiheit der Wissenschaft«.[284] Im selben Jahr wird er
auch kommissarischer Interims-Vorsitzender der DGS. Über
zwanzig Jahre später – statt »Bürgerkriege« gibt es in der bundesdeutschen Soziologie nur noch kleine Scharmützel – wird
Scheuch Präsident des Institut de International de Sociologie
(1993–1997). In späteren Jahren tritt er auch als unerbittlicher

---

281 Vgl. Ralf Dahrendorf, *Die angewandte Aufklärung. Gesellschaft und
Soziologie in Amerika*, München 1963.
282 »Die Empirische Soziologie wurde nun zunehmend unpolitisch,
defensiv und konservativ. Die Kritik der Protestbewegung wurde
in gewisser Weise zu einer sich selbst erfüllenden Prophezeiung.«
(Kruse, »Mythos der Empirischen Soziologie«, a. a. O., S. 163)
283 Scheuch, »Wissenschaft – Anwendung – Publizistik«, a. a. O., S. 253.
284 Auch als eine Art Gegenbewegung zu dem 1968 von Werner Hofmann, Wolfgang Abendroth, Heinz Maus und anderen gegründeten
»Bund demokratischer Wissenschaftler« (BDWI). Zum konservati-
ven »Bund Freiheit der Wissenschaft« siehe Daniela Münkel, »Der
›Bund Freiheit der Wissenschaft‹. Die Auseinandersetzungen um
die Demokratisierung der Hochschule«, in: Dominik Geppert/Jens
Hacke (Hg.), *Streit um den Staat*, a. a. O., S. 169–187. Zu Scheuchs
»Engagement« gehörten auch Interviews mit der Zeitung »Junge
Freiheit«, die Mitbegründung der rechts-konservativen Vereinigung
»Stimme der Mehrheit«, die sich laut ihrer Website als »schlagkräf-
tige Alternative zum Linkskartell« begreift. Siehe auch Ute Scheuch,
*Erwin K. Scheuch im roten Jahrzehnt*, a. a. O.; aber auch Engagement
gegen Rational Choice, Klüngelpolitik und »selbstzerstörerischen
Neoliberalismus« (vgl. Scheuch, »Soziologie als angewandte Auf-
klärung«, a. a. O., S. 70).

Kritiker von Elitenkartellen und »Klüngelwirtschaft« in den Vordergrund.[285]

Was sind die wesentlichen Prägungen, die Scheuch von König erfährt? Scheuch selbst spricht von der »breiten Einbettung der Soziologie« und der Kritik an der »fehlenden Aufarbeitung der Nazi-Zeit«, die König ihm vorlebte.[286] In einer autobiographischen Darstellung nennt Scheuch vier Punkte, die mit Blick auf König für ihn bedeutsam sind:[287] Erstens das Interesse für Ethnologie und das Bewusstsein ihrer Relevanz für die Soziologie. Zweitens eine historische Orientierung. Drittens die Bedeutung der englischen, US-amerikanischen, österreichischen und französischen Klassiker. Viertens die internationalen Beziehungen Königs, von denen Scheuch wesentlich profitierte. Aus der Sicht eines damals unmittelbar Beteiligten stellt sich das Verhältnis zwischen König und Scheuch folgendermaßen dar: »König war der Initiant und Förderer der empirischen Sozialforschung, Erwin Scheuch der Forscher«; Scheuch war es, der die Kollegen und die Doktoranden in die Praxis empirischer Sozialforschung einführte und die Studien konkret umsetzte.[288] Kurzum: Die vielfach mit der Kölner Soziologie verbundene Ausrichtung auf die empirische Sozialforschung wurde zwar von König angeregt und verteidigt, ausgeführt und professionalisiert aber im We-

---

285 Siehe etwa Erwin K. Scheuch/Ute Scheuch, *Cliquen, Klüngel und Karrieren*, Hamburg 1992 oder Dies., *Die Spendenkrise – Parteien außer Kontrolle*, Hamburg 2000.

286 Erwin K. Scheuch, »..., daß Wissenschaft Spaß macht. René König zum 85. Geburtstag«, in Alemann/Kunz, *René König. Gesamtverzeichnis der Schriften*, a. a. O., S. 258–260, hier S. 158 f.

287 Scheuch, »Wissenschaft – Anwendung – Publizistik«, a. a. O., S. 238. Vgl. auch Ute Scheuch, *Erwin K. Scheuch*, a. a. O., S. 139 ff.

288 »René König hatte die Aufträge gebracht, stand aber bis zur Ablieferung der Berichte kaum einmal als Gesprächspartner zur Verfügung. Mir erging es ebenso.« (Peter Atteslander, »Nachwort mit Würdigung der Lebensleistung Erwin K. Scheuchs«, in Ute Scheuch, *Erwin K. Scheuch*, a. a. O., S. 419–429, hier S. 419, 426).

sentlichen durch Scheuch.[289] Insofern stellt sich die bereits anfangs angedeutete Frage, ob die nachträgliche Wahrnehmung der Kölner Schule als auf empirischer Sozialforschung basierender »Schule« bis heute nicht eher der Wirkung Scheuchs als der Königs geschuldet ist?

### Peter Heintz

»Ich hatte lange Zeit einen Schweizer Assistenten, der leider verstorben ist, Peter Heintz. Dem hatte ich den Spitznamen Vierteli angehängt. [...] Deshalb, weil wir Ordinarien Halbgötter sind. Die Assistenten sind Viertelgötter«, so eine von König wiedergegebene Anekdote.[290] Peter Heintz gehört zu den ersten Schülern Königs in Zürich. Zunächst volkswirtschaftlich ausgerichtet und promoviert über den Inflationsbegriff, gerät er in den »Bannkreis von René König«[291] und wendet sich der Soziologie zu. Ab Oktober 1950 ist er Assistent in Köln. König und Heintz verbindet zunächst das Interesse an der »Rolle des internationalen Anarchismus in der Schweiz«[292]. Daraus entsteht 1951 Heintz' Monographie über *Anarchismus und Gegenwart*. Seine Habilitationsschrift, die dann 1956 in Köln eingereicht wird, behandelt *Die Autoritätsproblematik bei Proudhon*.[293] »Damit sollte im Gegensatz zum autoritären Sozialismus von Marx und Engels die andere Seite des Sozialismus besser beleuchtet werden [...]. Das war insge-

---

289 Siehe auch die für die empirische Sozialforschung wegweisenden Beiträge von Scheuch im Handbuch der empirischen Sozialforschung.

290 König, »›Tout va très bien ...‹«, a. a. O., S. 148.

291 Hans-Joachim Hoffmann-Nowotny, »René König – aus Zürich«, in Alemann/Kunz, *René König. Gesamtverzeichnis der Schriften*, a. a. O., S. 218–221, hier S. 220.

292 Vgl. König, *Leben im Widerspruch*, a. a. O., S. 140.

293 Peter Heintz, *Anarchismus und Gegenwart*, Zürich 1951 erschien 1973 in 2. und 1985 in 3. Auflage. *Die Autoritätsproblematik bei Proudhon. Versuch einer immanenten Kritik*, Köln 1956 erscheint in spanischer Übersetzung 1963.

heim als Gegengift gegen den deutschen Autoritarismus von
rechts und links gedacht gewesen, erwies sich aber leider nach
beiden Richtungen als wirkungslos.«[294] Darüber hinaus publiziert er mit König beim *Schweizer Lexikon*, dann als Assistent in Köln bei *Beobachtung und Experiment in der Sozialforschung* (1956) und 1957 gibt er mit König das Sonderheft 2
der *KZfSS* zu *Soziologie der Jugendkriminalität* heraus. Wie bei
Scheuch ist diese Zusammenarbeit nicht frei von Spannungen und führt schließlich 1960 zum Zerwürfnis zwischen König und Heintz.[295]

Wie kam es dazu? Mitte der fünfziger Jahre wird Heintz
von der UNESCO beauftragt, die soziologische Forschung

---

294  König, *Leben im Widerspruch*, a. a. O., S. 140.
295  Die folgende Darstellung basiert auf der Analyse der Korrespon-
     denz zwischen König und Heintz, wie sie im Schweizerischen So-
     zialarchiv Zürich vorliegen (Archivsignatur: SozArch Ar. 163.1.27).

und Lehre in verschiedenen lateinamerikanischen Ländern zu organisieren. Heintz ist dabei so erfolgreich, dass er in Costa Rica einen Lehrstuhl für Soziologie angeboten bekommt. König, der selbst viel unterwegs und darum besorgt um seine »Vertretung« in Köln ist, berät seinen Schüler.[296] Heintz zögert mit einer Zusage, da er befürchtet, im deutschsprachigen Raum während der Zeit in Costa Rica in Vergessenheit zu geraten und dort »hängen zu bleiben«.[297] Zudem möchte er ausloten, was ihm der Ruf für seine Position in Köln bringt. König rät ihm, es an die »große Glocke zu hängen«, so dass es für die weitere Zukunft zumindest bekannt werde und in den Akten stehe.[298] Zumindest soll ihm der Titel des Titularprofessors erteilt werden, was König auch insofern sehr recht ist, da das Heintz in seiner »Abwesenheit ein besseres backing gibt als bisher.«[299]

Ende der 1950er Jahre bahnt sich dann das Zerwürfnis zwischen beiden an. Die UNESCO bietet Heintz für ein Jahr den Direktorenposten der länderübergreifenden Facultad Latinoamericana de Ciencias Sociales (FLACSO) in Santiago de Chile an. Heintz fasst dies zunächst äquivalent zu einer Professurvertretung auf und bittet König um Gewährung

---

296  Briefe von König an Heintz vom 20. 3. 1956, 21. 4. 1956 sowie 15. 5. 1956

297  Brief von Heintz an König vom 30. 4. 1956. Weiter heißt es: »Wenn ich mit dem Gedanken gespielt habe und zum Teil immer noch spiele, die an und für sich schöne Offerte anzunehmen, dann steht dahinter natürlich der Horror, den mir eine Berufung nach Hannover oder dgl. einflösst, die ich gewissermassen gezwungen sein würde anzunehmen. Ich würde einfach am liebsten in Köln bleiben, nicht zuletzt auch wegen der Zeitschrift, die mir viel Freude macht. [...] Es kann aber trotzdem nichts schaden, wenn die Kölner von der Berufung erfahren, sei es auch nur deshalb, dass sie mir ein anderes Mal wiederum Urlaub gewähren.« Auf den letzten Punkt, Gewährung von Urlaub als Knackpunkt zwischen Lehrer und Schüler, wird noch zurückzukommen sein.

298  Brief von König an Heintz vom 14. 5. 1956.

299  Brief von König an Heintz vom 22. 6. 1956.

auf Urlaub, da er sich von dieser »Vertretung« später bessere Berufungschancen in Deutschland erhofft.[300] König sieht erhebliche Schwierigkeiten für die Aufrechterhaltung des Vorlesungsbetriebs in Köln und weigert sich, Urlaub zu gewähren. Heintz wirft seinem Lehrer in dieser Auseinandersetzung daraufhin vor, sich nicht genug für einen Antrag als apl. Prof. eingesetzt zu haben und ihn nicht genug in Berufungsangelegenheiten unterstützt zu haben. Heintz möchte keinesfalls den Kontakt zu Köln aufgeben, würde am liebsten seine Diätendozentur, wenigstens aber seine *venia legendi* behalten. Der Streit um die Gewährung des Urlaubs zerrüttet das Verhältnis der beiden, auch wenn Heintz zunächst noch hofft, dass zu einem späteren Zeitpunkt die Zusammenarbeit auf einer neuen Basis stehen könne, »z. B. der eines Extraordinariats in Köln.«[301] Als König dann am 23. Februar 1960 Heintz mitteilt, dass das von ihm in Hinblick auf Heintz beantragte Extraordinariat für Wirtschafts- und Sozialpsychologie vom Finanzministerium bewilligt worden und es aber nun klar sei, dass Heintz nicht mehr als Kandidat gelten und auf der Berufungsliste sein Name nicht mehr erscheine könne, was allein Ergebnis von Heintz' »Umtrieben« sei, ist der Schluss besiegelt.[302] Heintz antwortet kurz vor seiner Abreise nach Santiago de Chile, dass er erstens erfahren habe, dass es sich nicht um ein Extraordinariat handle, sondern um ein Ordinariat, zweitens dass nicht König den Antrag gestellt habe und drittens es wegen Hausberufung nahezu unmöglich sei, dass er auf die Liste komme. Schließlich endet er mit der Rückforderung ei-

---

300  Brief von Heintz an König vom 20. 11. 1959.
301  Brief von Heintz an König ohne Datum, dem Inhalt nach November 1959. Weiter heißt es: »Persönlich würde ich mich freuen, wenn diese ganze Angelegenheit, bei der ich ein beträchtliches Risiko eingehe, nicht einfach mit ›Einsichtslosigkeit‹, ›mangelnder Aufrichtigkeit‹ und dergleichen mehr abtun würde. Die Angelegenheit ist wirklich nicht so einfach […].«
302  Brief von König an Heintz vom 23. 2. 1960.

ner 1956 geliehenen Summe.[303] »Falls es Dir in einem späteren
Zeitpunkt möglich sein sollte, zu einer sachlichen Betrachtungsweise zurückzukehren, bin ich zur Kooperation im Rahmen der Entwicklung der Soziologie bereit. Voraussetzung
dafür ist natürlich ein normales Gegenseitigkeitsverhältnis.«
Dieses wird es jedoch nicht mehr geben.[304] Die Spannungen
rühren vielleicht nicht zuletzt selbst aus der ambivalenten Situation her, in der sich König nach Dietrich Rüschemeyer befand: auf der einen Seite ein informeller, persönlicher Kreis
von Schülern, auf der anderen Seite die Anforderungen einer
bürokratischen Institution, so dass sich in Königs »Erwartungen und Reaktionen oft Persönliches und Sachliches auf wi-
dersprüchliche Weise mischte.«[305]

Von 1960 bis 1965 leitet Heintz dann die länderüber-
greifende Facultad Latinoamericana de Ciencias Sociales
(FLACSO).[306] 1966 nimmt er den Ruf auf die erste ordentliche
Professur für Soziologie in Zürich an.[307] Dort führt er nach

---

303 Brief vom 2.3.1960. »Da Du offensichtlich jegliches Mass verloren hast, wenn Du Deinem Aerger (sic) über meine Tätigkeit mit
   UNESCO Ausdruck gibst, und damit auch mein berufliches Fort-
   kommen erschwerst, sind die Gründe dahingefallen, die mich dazu
   bewogen, auf diese Forderung [Rückzahlung der 2000 Schweizer
   Franken] zu verzichten.«
304 In den Briefen der 1970er Jahre, in denen es vor allem um die Neu-
   auflage des Handbuchs und Artikelrevisionen geht, ist man zum un-
   persönlichen »Sie« übergegangen. Auch ist Heintz an der Neuausgabe des Fischer-Lexikons (1967) nicht mehr beteiligt.
305 Dietrich Rüschemeyer, »In hindsight – through a glass darkly«, in:
   Fleck, *Wege*, a. a. O., S. 327–337, hier S. 335.
306 Siehe dazu Edmundo F. Fuenzalida, »Die Entstehung der wissenschaftlichen Soziologie in Chile«, in: Guido Hischier et al. (Hg.),
   *Weltgesellschaft und Sozialstruktur. Festschrift zum 60. Geburtstag
   von Peter Heintz*, Diessenhofen 1980, S. 593–607.
307 Zu den hier verwendeten biographischen Notizen siehe Hans Geser,
   »In Memoriam Peter Heintz. 6.11.1920–15.3.1983«, 1983, Web: http://
   www.uzh.ch/wsf/in_Memoriamde.html (Zugriff: 8.1.2013). Manche
   Studierende sprechen davon, er habe dort selbst eine eigene »Zü-

Pietro Morandi »die helvetischen Studierenden noch ganz im Stile des alten ›geisteswissenschaftlich infizierten‹ Gelehrtentums in das Universum sozialwissenschaftlicher Forschung ein.«[308]

Fragt man nach gemeinsamen Themen und mit René König übereinstimmenden Forschungsinteressen, so geraten insbesondere folgende in den Blick: Heintz teilt mit König eine durchwegs kosmopolitische Einstellung und Ausrichtung, Geser nennt dies in seinem Nachruf auf Heintz das »Prinzip des Universalismus«.[309] Ebenso habe Heintz soziologische Forschung als ein spontan-schöpferisches intellektuelles Abenteuer aufgefasst, das den jüngeren Wissenschaftlerinnen und Wissenschaftlern sowohl die nötigen Freiräume ließ als auch für »neuartige Gesellschaftsprobleme« sensibilisierte. Das trifft sicherlich auch auf König zu. »Wer immer sich allzu autoritär oder epigonenhaft an Peter Heintz anlehnen wollte, fand sich sogleich in einer äusserst unerquicklichen ›Double-Bind‹-Situation gefangen: weil gerade die Treue zu seinen generellen Maximen der Innovativität und intellektuellen Autonomie es gebot, gegenüber seinen spezifischeren Vorschlägen, Ideen oder Theorieentwürfen eine gewisse Distanz aufrechtzuerhalten.«[310] Hinzu kommt noch Heintz' Geschick für »institution building«.

Heintz' Vorlesungen treffen sich ebenfalls mit Königs Themen: in Köln (sicherlich auch von König angestoßen) etwa Vorlesungen zur Kulturanthropologie, Kriminalsoziologie, Sozialpsychologie oder zur Triade Persönlichkeit, Kultur, Gesellschaft. Aber auch zu Technik, Macht und sozialen

---

richer Schule« begründet (so Peter Meyer-Fehr, »Internationale Rezeption der Arbeiten von Peter Heintz und anderen Schweizer Soziologen«, in: Guido Hischier et al. (Hg.), *Weltgesellschaft und Sozialstruktur*, a. a. O., S. 631–647, hier S. 631).

308   Morandi, »»Soziologie in der Schweiz«, a. a. O., S. 289.
309   Geser, »In Memoriam Peter Heintz«, a. a. O., Druckseite 3.
310   Geser, »In Memoriam Peter Heintz«, a. a. O., Druckseite 4.

Vorurteilen – ein Thema, das 1957 zum Buch *Soziale Vorurteile. Ein Problem der Persönlichkeit, der Kultur und der Gesellschaft* wird. In Zürich sind es dann in den 1960er Jahren Vorlesungen zur Kultur-, Organisations- und Entwicklungssoziologie sowie Soziale Strukturen und strukturelle Spannungen, in den 1970ern Stadt-, Familien- und Bildungssoziologie sowie sein zentrales Thema: »Weltgesellschaft«.[311] In seinen Artikeln zeigen sich ebenfalls Annäherungen zu Themen und Forschungsobjekten Königs, was nicht zuletzt auch seine *Einführung in die soziologische Theorie* (zuerst auf Spanisch 1960) zeigt, in der die zentralen Kapitel neben Macht oder Landflucht die Mode, die moderne Familie, die Mittelklassen, die Jugendkriminalität, den technischen Fortschritt, die Bürokratie, das primitive Recht, den *marginal man* sowie »die moderne, komplexe Gesellschaft« behandeln.[312] Allerdings beschränkt sich die Nähe in den meisten Fällen auf das Thema, Heintz greift inhaltlich eher auf den zeitgenössischen US-amerikanischen Soziologiediskurs zurück als auf Königs Analysen der Themenfelder. Wollte man Königs Triade von Persönlichkeit, Kultur und Gesellschaft jedoch als das ihm eigenständige »Paradigma« nehmen, ist sicherlich Peter Heintz derjenige, der es entwicklungssoziologisch und weltgesellschaftlich ausgerichtet am konsequentesten aufgegriffen hat. Ob aufgrund der relativ hohen Eigenständigkeit von Heintz jedoch von einer genuinen Schülerschaft, etwa vergleichbar zur Beziehung zwischen Durkheim und Mauss,[313] gesprochen werden kann, ist schwierig zu beantworten. Die

---

311  Siehe Schweizerisches Sozialarchiv, Web: http://findmittel.ch/archive/archNeu/Ar163.html (Zugriff 8. 1. 2013).

312  Vgl. Peter Heintz, *Einführung in die soziologische Theorie*, Stuttgart. In der ersten Ausgabe des Fischer-Lexikons war Heintz u. a. für den Beitrag über komplexe Gesellschaften verantwortlich.

313  Auch wenn der Ton in den Briefen zwischen König und Heintz zuweilen an den zwischen Durkheim und Mauss erinnert (vgl. Émile Durkheim, *Lettres à Marcel Mauss*, Paris 1998).

Frage der Schülerschaft soll am Schluss des Beitrags diskutiert werden.

## Peter Atteslander

Wäre es nach dem Willen des Vaters gegangen, wäre Peter Atteslander Zahnarzt geworden. Dass es jedoch ganz anders wird, daran ist die Lektüre eines familiensoziologischen Aufsatzes von König schuld, den Atteslander von einem Berufsberater in die Hand gedrückt bekam. Er beschließt, Soziologie und Literaturwissenschaft an der Universität Zürich zu studieren, belegt dann Philosophie.[314] »Ich war sein unbezahlter Hilfsassistent und Babysitter, worauf ich seine große Handbibliothek benutzen durfte und er für mich und seine Familie gekocht hat. Wir waren natürlich Student und Professor – in Amerika, als er zur gleichen Zeit in Harvard war, als ich in Cornell war, hat sich dann eine Freundschaft, die bis zu seinem Tod dauerte, ergeben.«[315]

Die Freundschaft beginnt 1948. Atteslander ist im Vorstand des Schweizerischen Verbandes der Studentenschaft und organisiert einen Professorenaustausch zwischen Köln und Zürich, namentlich zwischen König und dem Staatsrechtler Werner Kägi und Leopold von Wiese und dem damaligen Rektor der Universität Köln, Hermann Jahrreiß. König hält in Köln einen Vortrag, der alle mitzureißen scheint, nicht zuletzt aufgrund der Tatsache, dass hier zwei Welten sich in einem

---

314 Zum Folgenden greife ich zurück auf Atteslander in einem unveröffentlichten Interview mit Karl-Siegbert Rehberg am 7. Februar 2011 (Projekt »Audio-visueller Quellenfundus zur deutschen Soziologie nach 1945« (Fischer/Moebius/Rehberg), Atteslander, »Bruchstücke«, a. a. O., Atteslander, »Soziologische Orientierung«, a. a. O., Peter Atteslander, »Einer, der von außen kommt. Festvortrag zum 85. Geburtstag von René König«, in: Alemann/Kunz, *René König. Gesamtverzeichnis der Schriften*, a. a. O., S. 170–180.

315 Peter Atteslander in einem unveröffentlichten Interview mit Karl-Siegbert Rehberg am 7. Februar 2011.

Redner vereinigten; für viele der Zuhörer war es »ein Erlebnis, eine andere Welt und trotzdem ein Bezug zu Deutschland – was dazu geführt hat, daß er natürlich später ohne Schwierigkeiten berufen wurde.«[316] Was war das Packende an dem Vortrag? Insbesondere der programmatische und hoffnungsvolle Entwurf einer Soziologie als moralische Gegenwartswissenschaft, die »beim gesellschaftlichen Wiederaufbau, aber auch bei einer moralischen Erneuerung der Politik eine besondere und wesentliche Rolle zu spielen habe. […] Der beste Weg, auf dem sich dies Ziel mit unseren heutigen wissenschaftlichen Mitteln verwirklichen lässt, ist der Aufbau eines möglichst umfassenden Inventars der lebenden Gesellschaften im Sinne gegenwarts-wissenschaftlicher Forschung.«[317] Die Soziologie wertet Atteslander als Versuch, die nach dem Zusammenbruch des Nationalsozialismus ausgebrochene Anomie »nicht nur zu analysieren, sondern dazu beizutragen, den sozialen Wandel durch ihre empirischen Befunde auch zu beeinflussen«, wobei die Soziologie ein Wegweiser, aber nicht der Weg selbst sei.[318]

1951 erhält Atteslander, vermittelt durch George Caspar Homans, ein Post-Doctoral Fellowship des Commonwealth Funds. Mit dessen Hilfe kann er nach der zügig abgeschlossenen Promotion an die Cornell University gehen und bei William Foote Whythe, dem Verfasser der *Street Corner Society* (1943), studieren. Bei Whyte lernt Atteslanders das Handwerkszeug der von ihm stets wichtig erachteten qualitativen Sozialforschung. »Denn er war der begabteste auch qualitative Interviewer. Er hat an und für sich auch uns trainiert, wie

---

316 Peter Atteslander in einem unveröffentlichten Interview mit Karl-Siegbert Rehberg am 7. Februar 2011.
317 Peter Atteslander, »René König: Soziologische Orientierungen. Essay zu 20 Bänden René König – Schriften, Ausgabe letzter Hand«, in: *Soziologische Revue* 25, Heft 2/2002 (April), S. 117–125, hier S. 118.
318 Atteslander, »Soziologische Orientierung«, a. a. O., S. 141 f.

man in ein Untersuchungsfeld eintritt. Vor allem auch, wie man das wieder verlässt und was man da zu tun hat.«[319]

In den USA treffen sich Atteslander und König wieder. Atteslander ist sein »Verbindungsmann in den USA; König lernt hier »den Alltag empirischer Sozialforschung« kennen[320] und wird dort im Gegensatz zu Zürich als einer »wahrgenommen, dessen Bedeutung er in der Schweiz nie gefühlt hatte«; es festigt sich bei beiden die Annahme, dass quantitative Sozialforschung »untrennbar mit qualitativer verbunden« ist.[321] Und immer mehr erhärtet sich dank der Teilnahme an zahlreichen Forschungsprojekten und dem Kennenlernen berühmter Sozialwissenschaftler wie Merton, Lazarsfeld, Parsons und anderen Atteslanders Wunsch, Soziologie zum Beruf zu wählen.

1954 geht Atteslander nach Köln zu König, wo er Projektleiter wird. Atteslander soll die Entnazifizierung in der deutschen Industrie erforschen.[322] Die Ergebnisse, veröffentlicht in John Montgomerys *Forced to be free* (1957),[323] finden in

---

319  Peter Atteslander in einem unveröffentlichten Interview mit Karl-Siegbert Rehberg am 7. Februar 2011.

320  Vgl. Atteslander, »Nachwort mit Würdigung«, a. a. O., S. 423.

321  Atteslander, »Bruchstücke«, a. a. O., S. 174 f. »Was mir zum Teil wehgetan hat, ist, dass ich zum Teil als knochenharter Popperianer galt und Erbsenzähler, weil ich im gleichen Atemzug mit Kölner Schule, Scheuch usw. genannt wurde. Was überhaupt nicht stimmen kann. Ich bin von ganz anderen Leuten geprägt worden. Homans, Durkheim über König, dadurch auch durch ihn, aber dann Merton und Whyte und die Anthropologie, wenn überhaupt.« (Atteslander in einem unveröffentlichten Interview mit Karl-Siegbert Rehberg am 7. Februar 2011)

322  Was aufgrund von Atteslanders Schweizer Herkunft nicht unheikel war, wie er im Interview berichtet. Bis heute gibt es relativ wenige Studien zum Thema (siehe aktuell aber etwa Nina Grunenberg, *Die Wundertäter. Netzwerke der deutschen Wirtschaft 1942–1966*, München 2006).

323  Vgl. zur Studie Uta Gerhard, *Soziologie der Stunde Null*, Frankfurt am Main 2005, S. 27–29.

Deutschland kaum Aufmerksamkeit, was ein bezeichnendes Licht auf die damaligen Verdrängungen in Öffentlichkeit, Politik und Wissenschaft wirft. Er beteiligt sich an dem *Handbuch der empirischen Sozialforschung* und widmet sich insbesondere der Industrie- und Medizinsoziologie. Ende der fünfziger Jahre kehrt Atteslander wieder in die Schweiz zurück und lehrt in Genf und Bern. Atteslander schildert die völlig unbefriedigende Situation, Massenvorlesungen über Empirie abhalten zu müssen, ohne jedoch den Studierenden die Praxis der Sozialforschung vermitteln zu können. Wie bereits König in Zürich, will man irgendwie die Soziologie, aber doch auch nicht ganz.» Auch hier: Man wollte das Verfügungswissen ohne den Soziologen.«[324]

Anfang der siebziger Jahre folgt Atteslander einem Ruf an die eben neu gegründete Universität Augsburg, wo er viele Jahre eng mit Horst Reimann zusammenarbeitet.[325] Nach eigenen Angaben ist der *basso continuo*, der seine unterschiedlichen Arbeiten zur Betriebssoziologie, zur Medizin, zu Vorurteilen, Konflikten und sozialem Wandel durchzieht, eine Soziologie der Anomie, die sich ganz im Sinne Durkheims von individualistischen und utilitaristischen Erklärungskonzepten zu verabschieden hat, mit dem Ziel,» soziologische Orientierungen« (König) für die Gegenwart zu stiften.[326] Oder

---

324 Atteslander,» Soziologische Orientierung«, a. a. O., S. 142.

325 Für Reimann (» Re-Iteration: René König, Sizilien und wir«, in: Alemann/Kunz, *René König. Gesamtverzeichnis der Schriften*, a. a. O., S. 249–253, hier S. 249) ist König ebenfalls eine» prägende Leitfigur« und nicht nur akademische Leitfigur« sowie» eigentlicher Doktorvater«, mit dem er sein Interesse für Kulturanthropologie sowie dessen Sizilien-Begeisterung teilt, was Reimann schließlich zum Gedicht» Königs Weg« hinreißen lässt:» ›Sizilien‹, Königs Schlüssel-Schrift, Wo alles das zusammentrifft, Was ihm auch dann zu sagen blieb, Wenn er in andren Chiffren schrieb.« (Ebd., S. 253)

326 Atteslander,» Soziologische Orientierung«, a. a. O., S. 143 ff., zur Kritik am methodologischen Individualismus S. 146, zur Orientierungsfunktion S. 147 f. sowie das unveröffentlichte Interview mit Rehberg.

mit Mauss: »[…] die Bringschuld, wie René König gesagt hat, man kann die Gesellschaft nicht nur studieren, man muss etwas zurückgeben – und sei es Kritik und Diskussion.«[327]

Fragt man sich nun nach Ähnlichkeiten zwischen Atteslander und König, so lassen sich neben der Prägung der Durkheim-Schule, der vertiefenden Sensibilisierung für die Relevanz empirischer Forschung, der internationalen Ausrichtung, liberalen Weltbürgertums, der prägenden Forschungserfahrungen in den USA und dem kritischen Blick auf die Gegenwartsgesellschaft noch andere Punkte anführen, die dem sehr nahe kommen, was ein Schüler Atteslanders, der Soziologe und Durkheim-Experte Hans-Peter Müller, einmal über seinen Lehrer gesagt hat:

»Unserer Generation, die mit politischem Elan aufgebrochen war, die Gesellschaft zu transformieren (›Planungseuphorie‹), trat in seiner Person ein Ordinarius entgegen, der tolerant, unaufgeregt, beharrlich und stets humorvoll uns recht bald ›die Grenzen des Machbaren‹ aufzeigte. Zudem verwies er über die Soziologie hinaus auf die Bedeutsamkeit von Nachbardisziplinen wie der Demographie, Geographie usf. Ferner bildete er in uns das, was man den ›soziologischen Blick‹ nennen könnte: Die Soziologie macht vor keinem Gegenstand halt, wie ungewöhnlich er auch auf Anhieb wirken mag. Schließlich führte er am eigenen Beispiel vor, daß sich die Soziologie streitbar in die Diskussionen der Öffentlichkeit einzumischen und zu wichtigen Fragen der Zeit Stellung zu beziehen habe … Offenheit, Interdisziplinarität, das ›Auge des Soziologen‹ und couragierte Zeitdiagnostik erscheinen im Rückblick nicht nur als die beherrschenden Eigenschaften unseres akademischen Lehrers, sondern als unverzichtbare Ingredienzen eines guten Soziologen überhaupt.«[328]

---

327 Peter Atteslander in einem unveröffentlichten Interview mit Karl-Siegbert Rehberg am 7. Februar 2011.
328 Hans-Peter Müller zitiert in: Horst Reimann, »Vorwort«, in: Reimann/Müller, *Probleme moderner Gesellschaften. Peter Atteslander zum 65. Geburtstag*, S. VII–X, hier S. X.

*Dietrich Rüschemeyer*

Scheuch berichtet in einer autobiographischen Notiz, er sei von König zu einer Übersetzung von Parsons beordert worden und seither von dessen Systemtheorie bei der Analyse konkreter Probleme stark geprägt und bemerkt dabei: »Meine eigene Position wurde meist durch meinen Kollegen Rüschemeyer stark beeinflußt. Er war früh auf Parsons aufmerksam geworden, und in der Diskussion mit ihm setzte auch ich mich mit Parsons auseinander, der damals auf der Höhe seines Ruhmes stand.«[329] Und ein jüngeres Mitglied der Kölner Schule, Rolf Ziegler, berichtet: »Für die Ausbildung in den Übungen und Seminaren waren vor allem die beiden Assistenten wichtig: Dietrich Rüschemeyer, der die theoretische Soziologie lehrte, und Erwin K. Scheuch, der die Methodenausbildung betreute.«[330]

1930 als Kind zweier politisch interessierter und in der Zentrumspartei (der Vater nach 1945 in der CDU) engagierter Ärzte in Berlin geboren,[331] begann Dietrich Rüschemeyer sein Studium 1950 in München mit Vorlesungen in Nationalökonomie, Jura, aber auch Kunst, Geschichte und Politik, immer vor dem Hintergrund, den Nationalsozialismus besser verstehen zu können, und mit dem Berufsziel der politischen Erwachsenenbildung vor Augen.[332] Soziologie wurde ihm in München von Alfred von Martin vermittelt. Der Wechsel nach Köln erfolgte aufgrund der dort stärker ausgepräg-

---

329  Scheuch, »Wissenschaft – Anwendung – Publizistik«, a. a. O., S. 241.
330  Ziegler, »Chancen und Herausforderungen«, a. a. O., S. 57.
331  Im Folgenden beziehe ich mich vor allem auf einen E-Mailwechsel mit Dietrich Rüschemeyer vom 22. Februar 2013 sowie auf Rüschemeyer, »In hindsight …«, a. a. O. und auf Rüschemeyers autobiographische Notiz in *Trajectories, Newsletter ASA committee for comparative historical research*, Vol. 20/Nr. 1, 2008, S. 18–20.
332  »Ich hatte zunächst keineswegs vor, auf Dauer in der Universität zu arbeiten, sondern wollte politische und sozialökonomische Erwachsenenbildung betreiben (und tat das auch neben meiner Arbeit als Assistent).« (E-Mail an den Verfasser vom 22. Februar 2013)

ten Ausrichtung auf die Sozial- und Wirtschaftswissenschaften. Schnell ist er von Königs Vorlesungen fasziniert:

»Sie gaben ein Bild einer Disziplin, die von großem intellektuellen Interesse war [...]. Seine Seminare befassten sich von Semester zu Semester mit immer neuen Themen. Das wohl faszinierendste bestand in einer detaillierten Lektüre von Schriften des jungen Marx, eine Unternehmung, die nicht von marxistischer Ideologie geleitet war, jedoch gerade weil sie ohne unmittelbar politische Motivation auf genauem Lesen und komplexer Interpretation bestand, im beginnenden Kalten Krieg ein politisches Zeichen setzte.«[333]

Neben Königs Seminaren besucht Rüschemeyer auch Vorlesungen von Alfred Müller-Armack, dem Mitbegründer der Sozialen Marktwirtschaft, zu Sozialpolitik bei Ludwig Heyde und Gerhard Weisser sowie Veranstaltungen von Peter Heintz, der ihn mit der amerikanischen Soziologie und Sozialpsychologie vertraut macht.

»Der unmittelbare Anlaß, Soziologie als Fach zu wählen, war aber schlichter und konkreter: Ein halbes Jahr vor den Diplomprüfungen nannte König als Prüfungsthemen Marx' Frühschriften in der Theorie und survey research in der Methodik. Das schien mir ebenso interessant wie machbar [...]. König fand diesen Studenten, der über random sampling ebenso wie über den jungen Marx schreiben konnte, interessant. Er bot mir eine halbe Assistentenstelle an und lud mich ein, bei ihm zu promovieren. Die intellektuelle Freiheit, die man bei ihm genoß, wurde gleich in diesem ersten persönlichen Gespräch klar: Er hatte sich vorgestellt, ich würde über random sampling und Adressenmaschinen schreiben, stimmte aber sofort zu, als ich ihm eine Arbeit über Probleme der Wissenssoziologie, eine Kritik von Mannheim und Scheler vorschlug. Ich nahm sein Angebot

---

333 Rüschemeyer, »In hindsight ...«, a. a. O., S. 331.

an, obwohl ich auch die Chance hatte, bei Baumgarten in Freiburg als voller Assistent zu arbeiten.«[334]

Die Dissertation *Probleme der Wissenssoziologie. Eine Kritik der Arbeiten Karl Mannheims und Max Schelers und eine Erweiterung der wissenssoziologischen Fragestellung, durchgeführt am Beispiel der Kleingruppenforschung* (1958) bei König und Weisser geht zurück auf ein König-Seminar zu Mannheims »Ideologie und Utopie«.[335] Die Arbeit beginnt mit einer Zurückweisung der Wissenssoziologien von Mannheim und Scheler, da diese die empirische Forschung zugunsten ihres »philosophischen Ausgangspunktes« völlig vernachlässigt hätten. »Ohne jede prinzipielle Philosophiefeindlichkeit darf man aber sagen, daß die Fruchtbarkeit der empirischen Wissenschaften in dem Maße gestiegen ist, wie sie sich von der Philosophie emanzipiert haben.« (2) Was aber nicht bedeute, auf die Philosophie gänzlich zu verzichten, denn jeder empirische Forscher müsse auf die Philosophie zurückgreifen, wenn er eine Aussage über die Beziehung seiner Resultate zur Wirklichkeit machen wolle (277). Diente diese differenzierte Abgrenzung zur Philosophie zunächst der »Selbstklärung«, ging es Rüschemeyer darüber hinaus erstens um eine Positionsbestimmung »des Wissens und der Wissenssoziologie in einer systematischen Konzeption der Sozialwissenschaften«; und »zweitens sondierte ich die Kleingruppenforschung und die Psychologie der Perzeption – damals die Gebiete der Soziologie und Sozialpsychologie, die am besten Theoriebildung mit rigoroser empirischer Forschung verbanden – auf Ergebnisse, die die Wissenssoziologie auf eine feste sozialwissenschaft-

---

334 Rüschemeyer, »In hindsight …«, a. a. O., S. 332.
335 Die Dissertation ist einsehbar unter http://works.bepress.com/dietrich_rueschemeyer/55. Ich danke Herrn Rüschemeyer herzlich für diesen Hinweis.

liche Grundlage stellen könnten.«[336] König verband vermutlich mit dieser Arbeit die Konturierung einer eigenen Kölner Perspektive auf die Wissenssoziologie.

Zunächst studentischer Interviewer bei Scheuchs frühen Interviewforschungen, war Rüschemeyer von 1953 bis zu seiner Auswanderung 1962 in die USA Assistent in Köln und unter anderem mit Scheuch beteiligt an den Folgeauflagen des Interviewbuches (1957, 1962) von König, an Aufsätzen zu Statistik, Religion und Gesellschaft oder zu Berufsstrukturen. Sein Interesse galt theoretisch und methodisch verstärkt der amerikanischen Soziologie, insbesondere Merton, Homans und Parsons, zu dessen wichtigem Vermittler er in Deutschland wurde:

»Als die Kritik von Dahrendorf und anderen an Parsons' Theorieentwurf großen Einfluß gewann (auch René König distanzierte sich von Parsons nach anfänglich starkem Interesse), ohne daß die Arbeiten von Parsons auf deutsch zugänglich waren, nahm ich die Gelegenheit wahr, im Luchterhand Verlag den ersten Band mit Aufsätzen von Parsons auf deutsch herauszugeben. [...] Für einige Zeit sah ich mich dann im Kölner Milieu als eine Art Pflichtverteidiger, dessen Klienten so gegensätzlich waren wie Horkheimer und Adorno auf der einen, Parsons auf der anderen Seite.«[337]

Empirische Sozialforschung, aber auch Theorie seien als Symbol und Instrument gesellschaftlicher Transformationswünsche der Bundesrepublik aufgefasst worden, im Sinne einer »humanistischen Vorstellung der Entwicklung einer mensch-

---

336  Rüschemeyer, »In hindsight ...«, a. a. O., S. 334.
337  Rüschemeyer, »In hindsight ...«, a. a. O., S. 333. Parsons' Aufsätze erscheinen dann unter dem Titel *Beiträge zur soziologischen Theorie* (1964).

lich akzeptablen Gesellschaftsordnung nach der Katastrophe des Nationalsozialismus«.[338]

Zu diesem Mitgestaltungsbestreben gehörte auch Rüschemeyers nebenberufliches Engagement in der Erwachsenenbildung bei der Katholischen Arbeiterbewegung, an Volkshochschulen und bei Schulungskursen des Deutschen Gewerkschaftsbundes (DGB) gemäß eines Beitrags »zur Erneuerung demokratischer Politik in Deutschland«.[339] Anfänglich noch dem linken Flügel der CDU nahe stehend, gelangte Rüschemeyer angesichts einer immer kritischeren Beurteilung der Adenauer Ära zu einer »demokratisch sozialistischen Position«.

Wie die meisten König-Schüler verbrachte auch Rüschemeyer während seiner Kölner Zeit ein Stipendienjahr in den USA, das ihm von der Rockefeller Foundation finanziert wurde.[340] Ziel waren bereits in Deutschland begonnene Forschungen auf dem Gebiet der Professionssoziologie mit besonderem Fokus auf Anwaltschaft.[341] Das Stipendium beginnt an der Columbia University, es folgt die University of Chicago, dann Berkeley, wo er Reinhard Bendix und den Merton-Schüler Philip Selznick trifft. Aus seinen Forschungen entstand 1973 eines seiner Hauptwerke: *Laywers and Their Society: A Comparative Study of the Legal profession in Germany and the United States*, das die weitere Ausrichtung einer historisch vergleichenden Soziologie bezeugt.

---

338  Rüschemeyer, »In hindsight …«, a. a. O., S. 333.

339  Rüschemeyer, »In hindsight …«, a. a. O., S. 335 f.

340  Vgl. Akte Rueschemeyer, A 60232, Rockefeller Fellowship Cards, Rockefeller Archive Center, Kopie zur Verfügung gestellt von Christian Fleck.

341  So erschien etwa in *Soziale Schichtung und soziale Mobilität*, Sonderheft 5 der *KZfSS* (hg. v. Glass/König, 1961) der Aufsatz »Rekrutierung, Ausbildung und Berufsstruktur: Zur Soziologie der Anwaltschaft in den Vereinigten Staaten und in Deutschland« (S. 122–144).

1962 wandert Rüschemeyer aus und setzt seine Karriere in den USA fort.[342] Er wird zunächst Assistenzprofessor am Dartmouth College (1962–1963), dann an der University of Toronto (1963–1965, von 1965–1966 Associate Professor), erhält 1966 eine Associate Professorship an der Brown University, wo er 1971 Professor für Soziologie wird.[343]

Zur Frage auf die Prägung durch König hält Rüschemeyer fest, Königs Einfluss sei sehr groß gewesen,

»und zwar aus Gründen, die nicht leicht zusammen passen: er hielt faszinierende Vorlesungen, in denen er die Entwicklung der Soziologie in Zusammenhang der breiteren europäischen Geistesgeschichte darstellte; gleichzeitig optierte er für eine empirisch orientierte und theoretisch geleitete sozialwissenschaftliche Disziplin. [...] Lange blieb aber für mich die Beschäftigung mit der deutschen Katastrophe eine wesentliche Motivation für meine Arbeit. Auch dafür war König für mich interessant. Im ganzen waren seine kosmopolitische Orientierung, seine eigene Faszination mit der kontinuierlichen Geschichte der Soziologie und sein Engagement an empirischer Forschung tief prägend.«[344]

---

342  Auf die frei werdende Assistentenstelle folgt dann Fritz Sack (»Wie wurde ich Soziologe?«, a.a.O., S. 46), der dann auch von 1963–1969 Redaktionssekretär der *KZfSS* wurde.

343  Er hatte ferner Gastprofessoren unter anderem in Jerusalem, Berlin, Bergen und ist gegenwärtig emeritierter Professor am Watson Institute for International Studies der Brown University. Zu seinen zentralen Büchern gehören *Usable Theory: Analytic Tools for Social and Political Research* (2009), *Comparative Historical Analysis in the Social Sciences* (2003, mit James Mahoney), *Participation and Democracy East and West: Comparisons and Interpretations* (1998, mit Marilyn Rueschemeyer und Björn Wittrock), *States, Social Knowledge, and the Origins of Modern Social Policies* (1996, hg. mit Theda Skocpol), *Power and the Division of Labour* (1986) sowie *Bringing the State Back In* (1985, hg. mit Peter B. Evans und Theda Skocpol).

344  E-Mail von Dietrich Rüschemeyer an den Verfasser vom 22. Februar 2013.

## 2.4 Die Kölner Zeitschrift für Soziologie
und Sozialpsychologie

1955 übernimmt König von Leopold von Wiese die Herausgabe der *Kölner Zeitschrift für Soziologie* und benennt sie um in *Kölner Zeitschrift für Soziologie und Sozialpsychologie (KZfSS)*.[345] König hat dabei eine Zeitschrift vor Augen, die als »universell ausgerichtetes Fachorgan der Soziologie« »frei von jeder besonderen Schul-Tendenz sein sollte.« Ziel sei es, auch jüngere Kolleginnen und Kollegen zur Sprache kommen zu lassen sowie den internationalen Stand der Soziologie abzubilden; auch für Forschungsberichte solle Platz sein.[346] Zusätzlich führt König noch die Sonderhefte und Schwerpunkthefte der *KZfSS* ein, die teils neue Themengebiete erschließen oder wiederbeleben, teils soziologisch auf drängende gesellschaftliche Problemlagen einzugehen und sie aufzuklären versuchen.[347]

---

345 Seit 1921 hatte sie Leopold von Wiese zunächst als *Kölner Vierteljahreshefte für Sozialwissenschaften*, ab 1923 als *Kölner Vierteljahreshefte für Soziologie* und dann ab 1949 als *Kölner Zeitschrift für Soziologie* herausgegeben. Von 1934 bis 1949 erschien die Zeitschrift nicht.

346 König, *Leben im Widerspruch*, a. a. O., S. 208; König, »Vorbemerkung des Herausgebers«, a. a. O., S. 104.

347 1956 erschien das erste, von König herausgegebene Sonderheft über *Soziologie der Gemeinde* (mit Beiträgen unter anderem von Nels Anderson oder Renate Mayntz), ein Jahr später das von König und Heintz besorgte Sonderheft über *Jugendkriminalität*, 1958 eines über Medizinsoziologie (hg. von König und Margret Tönnesmann, mit Beiträgen u. a. von Parsons und Uexküll), 1959 gibt Heintz ein Sonderheft über *Soziologie der Schule* heraus, 1961 folgt ein von David Glass und König verantwortetes Heft über *Soziale Schichtung und soziale Mobilität*, in dem nun verstärkt neben Heintz auch andere Schüler Königs vertreten sind. 1962 ein Heft über *Religionssoziologie* (hg. von Goldschmidt und Matthes), 1963 eines über *Max Weber zum Gedächtnis* (hg. von König und Winckelmann), Heft 8 1964 zur *Soziologie der DDR* (hg. von Ludz), 1965 zur *Soziologie der Wahl* (hg. von Scheuch und Wildenmann), 1966 *Kleingruppenforschung und Gruppe im Sport* (hg. von Lüschen), 1967 zur *Rechtssoziologie* (hg. von Hirsch und Rehbinder), 1968 *Militärsoziologie* (hg.

Neben der Publikationsmöglichkeit in der Zeitschrift dienen auch die Sonderhefte den Jüngeren der korporativen Identitätssicherung der Kölner Soziologie. Natürlich wirkt die Zeit-

von König, Roghmann, Sodeur, Ziegler), 1969 *Entwicklungssoziologie* (hg. von König, Albrecht, Freund, Fröhlich), 1970 *Familiensoziologie* (Hg. von Lüschen und Lupri), 1971 *Soziologie der Sprache* (hg. von Kjolseth und Sack), 1972 *Soziologie und Sozialgeschichte* (hg. von Ludz), 1974 Künstler und Gesellschaft (hg. von König und Silbermann), 1975 Wissenschaftssoziologie (hg. von König und Stehr), 1977 *Soziologie und Sozialpolitik* (von Ferber und Kaufmann), 1978 *Soziologie des Alltags* (hg. von Hammerich und Klein), 1979 *Deutsche Soziologie seit 1945* (hg. von Lüschen), 1980 Wissenssoziologie (hg. von Stehr und Meja), 1981 *Soziologie in Deutschland und Österreich 1918–1945* (hg. von Lepsius), 1982 *Industriesoziologie* (hg. von Schmidt, Braczyk und Knesebeck), 1983 *Gruppensoziologie* (hg. von Neidhardt), 1984 *Ethnologie als Sozialwissenschaft* (hg. von Müller, König, Koepping und Drechsel), 1986 *Kultur und Gesellschaft* (hg. von Neidhardt, Lepsius und Weiß). Ich beende hier die Aufzählung. Bereits beim letztgenannten Heft war König nicht mehr mit einem Artikel beteiligt, es handelt sich um eine Festschrift zum 80. von König. Die frühen Sonderhefte erreichten meist mehrmalige Auflagen.

schrift auch als *gate keeper*, wobei sich König aber weitgehend dem wissenschaftlichen Ethos der Offenheit für andere Perspektiven verpflichtet fühlt.[348] Neidhardt,[349] der 1978 nach der Emeritierung Königs die *KZfSS* mit herausgibt, berichtet:

»Er ließ die Abweichungen vom Mainstream immer auch zu Wort kommen. Es war ein besonderer Auftrag, den er empfand, die jungen Leute zu fördern. Zum Beispiel wer sich habilitierte, bekam ein stehendes Angebot, das in der Kölner Zeitschrift zu veröffentlichen. Da sorgte er sich drum und hat dann auch nachverfolgt, was aus denen wird.«[350]

Mit der Zeitschrift, den Sonderheften, dem Soziologie-Lexikon und dem mehrbändigen *Handbuch der empirischen Sozialforschung* verfügen die Kölner über zentrale Eckpfeiler zur Absicherung, Institutionalisierung und Popularisierung ihrer soziologischen Positionen im Feld, die den Analysen Sahners zufolge bis Mitte/Ende der sechziger Jahre durchaus eine sehr

---

348 Was vielleicht auch eine Art Strategie sein kann, um andere Zeitschriften klein zu halten. Zumindest hatte König auch Angst vor alternativen Zeitschriften, wie ein Brief an Scheuch vom 25. 2. 1971 anlässlich der Gründung des Mitteilungsblattes »Soziologie« der DGS vermuten lässt, in dem König anbietet, Mitteilungen und Nachrichten der DGS in der *KZfSS* abzudrucken, womit ein eigenes Mitteilungsblatt überflüssig wäre (DGS-Akten im Sozialwissenschaftlichen Archiv Konstanz, Signatur DE-SAK-B1-3616).

349 Leopold Rosenmayr wurde von der Kölner Fakultät als Königs Nachfolger auf Platz 1 der Berufungsliste gesetzt; er nahm aber dann den Ruf nicht an; statt seiner kam Friedhelm Neidhardt aus Tübingen nach Köln.

350 Friedhelm Neidhardt in einem unveröffentlichten Interview mit Karl-Siegbert Rehberg und Joachim Fischer am 21. September 2010 (Projekt »Audio-visueller Quellenfundus zur deutschen Soziologie nach 1945« (Fischer/Moebius/Rehberg).

homogene und das gesamte Feld prägende »community« der Kölner Soziologie erkennen lassen.[351]

In der Vorbemerkung zu der ersten von ihm herausgegebenen Ausgabe der *KZfSS* nimmt König zunächst eine Positionierung und Abgrenzung zur Soziologie vor dem Zweiten Weltkrieg vor: Die heutige Soziologie befinde sich sowohl jenseits der Antinomie zwischen rechtem und linkem Neo-Hegelianismus' als auch jenseits der formalen Soziologie. Auch könne das »zweifellos vorhandene Bedürfnis nach Theorie nicht durch Theorien von gestern erfüllt werden«.[352] Stattdessen gelte es, die »brennenden Probleme im Nachkriegs-Deutschland« »*durch die unmittelbare empirische Sozialforschung*« zu lösen.[353] König, der später der Theoriekonzeption Parsons kritisch gegenüberstehen und eher Theorien mittlerer Reichweite[354] favorisieren wird, hebt jedoch 1955 noch hervor, dass, wenn man Theorie betreibe, nicht ein System von Theo-

---

351 Vgl. Sahner, *Theorie und Forschung*, a. a. O., S. 63–127. Nach Sahners quantitativer Analyse ist die Kölner gemäß ihrer empirischen und theoretischen Ausrichtung sowie ihrer »engen Identität zwischen Doktorvater und Schülerschaft« (S. 126) gar die homogenste Schule der westdeutschen Soziologie (S. 106).

352 König, »Vorbemerkung des Herausgebers«, a. a. O., S. 104 f.

353 König, »Vorbemerkung des Herausgebers«, a. a. O., S. 104. Eine Position, die wiederum an Thurnwald erinnert. Diesen Hinweis verdanke ich Clemens Albrecht.

354 Wie Oliver König (Mail vom 10. 3. 2013) meint, liege hier – in kritischem Eklektizismus und der Zurückweisung von Großtheorien – auch die besondere Verbindung zu Merton, die auch im Briefwechsel der beiden sehr deutlich wird. Merton ist König zufolge der meistzitierte Autor im Handbuch. In Bezug auf das Fischer-Lexikon schreibt König am 22. 9. 1958 an Merton, er habe dadurch auch die »theoretische Bedeutung der amerikanischen Soziologie zu zeigen versucht«. Merton würde sehr gern solch ein Buch in den USA veröffentlicht sehen (Brief vom 30. 9. 1958), ebenso würde er gerne das Handbuch der empirischen Sozialforschung ins Englische übersetzt sehen (so in einem Gespräch mit Christian Fleck, dem ich für diesen Hinweis danke) und spricht mit Blick auf König von »intellectual parallelism« und »congeniality of spirit and general outlook«

rien, sondern »eine Theorie von Systemen (Parsons)« die zukünftige Richtlinie abgebe. Dazu gehöre aber – wie er widersprüchlich anmerkt – die Berücksichtigung eines Pluralismus von systematischen Ansätzen, worunter insbesondere die kulturanthropologische »Auseinandersetzung mit kulturellen Systemen« falle. Im Weiteren verteidigt er die besondere Relevanz der Kerntriade des »einheitlichen und unzerreißbaren« Zusammenhangs zwischen Persönlichkeit, Gesellschaft und Kultur, deren Berücksichtigung (in der bereits erwähnten Anlehnung an Thurnwald) durch den neuen Zeitschriftentitel deutlich werden soll.[355]

Vergleicht man seine Vorbemerkung und die darauf folgenden Hefte und Sonderhefte erkennt man, dass König bereits 1955 ein recht klares Bild davon hat, welche Themen und gesellschaftlichen Problembereiche (auch noch) in Zukunft Relevanz beanspruchen.[356] Nach Günther Lüschens Untersuchung zur Entwicklung der deutschen Soziologie in ihren Fachzeitschriften sind zunächst die wichtigsten Themen »Industrie, soziale Schichtung und Politik«, dann »Sozialpolitik, Erziehung, Beruf, Familie, Kunst und Gemeinde«, wobei Ende der 1950er/Anfang 1960er Jahre das Thema »Industrie« als führendes Sachgebiet von »Schichtung« und dieses seit Mitte der 1960er von »Theorie« abgelöst wird.[357] Aufgrund

---

(Brief vom 22.6.1984, Robert K. Merton Papers, box 357, folder 13, Rare Book and Manuscript Library, Columbia University Library).

355 König, »Vorbemerkung des Herausgebers«, a.a.O., S. 104.

356 Er nennt etwa neben Gemeindesoziologie die Gruppensoziologie, Industriesoziologie, soziale Schichtung und Mobilität, Weltgesellschaft, Politische Soziologie, Entwicklungssoziologie etc. (König, »Vorbemerkung des Herausgebers«, a.a.O., S. 106f.).

357 Günther Lüschen et al., »Die Entwicklung der deutschen Soziologie in ihrem Fachschrifttum. Perioden, Sachgebiete und Methoden seit 1945«, in: »Deutsche Soziologie seit 1945«, Sonderheft 21/1979 der *KZfSS*, hg. von Günther Lüschen, S. 169–192, hier S. 178, 182. Siehe zu den bevorzugten Themen der soziologischen Fachzeitschriften auch Nolte, *Die Ordnung der deutschen Gesellschaft*, a.a.O.,

von Königs Konsolidierungs- und Professionalisierungspolitik der Soziologie geraten die Sozialpsychologie und Kulturanthropologie jedoch mehr und mehr in den Hintergrund.[358]

Im Vergleich zu den Artikeln der Kölner Zeitschrift, die noch während der Herausgeberschaft Leopold von Wieses dort publiziert wurden, steigt nun mit König als alleinigem Herausgeber von 1955 bis 1975 »der Anteil empirischer Arbeiten« um ein dreifaches an. Das mag jedoch nicht darüber hinweg täuschen – und für heutige Augen kaum vorstellbar sein[359] –, dass die KZfSS im Vergleich zur 1949 erstmals erscheinenden *Sozialen Welt* und der ab 1972 gegründeten *Zeitschrift für Soziologie* maximal gesehen nicht so viele empirische Beiträge veröffentlicht wie diese.[360] Was allgemein für ihre Ausgewogenheit oder Offenheit bis in die 1970er spricht. Betrachtet man aber die Zeit von 1955 bis Mitte der 1960er Jahre, so liegt die KZfSS hier im Vergleich zur Sozialen Welt

---

S. 267 ff. Ähnliche Tendenzen sind auch in der Lehre zu beobachten, wobei ab Mitte der 1950er Jahre zusätzlich die Methodenveranstaltungen eine große Bedeutung einnehmen (vgl. Rolf Klima, »Die Entwicklung der soziologischen Lehre an den westdeutschen Universitäten 1950–1975«, in: »Deutsche Soziologie seit 1945«, Sonderheft 21/1979 der KZfSS, hg. von Günther Lüschen, S. 221–256, hier S. 242.

358 Vgl. Clemens Albrecht, »Die Wendung ins Subjekt. Gesellschaftsanalyse und Psychotherapie«, in: Acham et al. (Hg.), *Der Gestaltungsanspruch der Wissenschaft*, a. a. O., S. 577–591, hier S. 583.

359 Friedhelm Neidhardt in einem unveröffentlichten Interview mit Karl-Siegbert Rehberg und Joachim Fischer am 21. September 2010 zur gegenwärtigen KZfSS: »Ja, sie verengt sich. Sie wird der Bielefelder Zeitschrift ähnlicher, obwohl die sich auch verändert hat. Mir fällt auf eine Ballung von quantitativer Sozialforschung großen Stils, mit sehr viel Mathematik.«

360 Vgl. Elisabeth M. Krekel-Eiben, *Soziologische Wissenschaftsgemeinschaften. Ein struktureller Vergleich am Beispiel der Fachpublikationen in der Bundesrepublik Deutschland und den USA*, Wiesbaden 1990, S. 152.

in der Veröffentlichung empirischer Arbeiten deutlich vorn.[361] Insgesamt steigt die Zahl der empirischen Arbeiten seit den 1950er Jahren, allerdings gibt es 1968 parallel zur sich wandelnden Wahrnehmung und zunehmenden Kritik an der Empirischen Sozialforschung einen Einbruch dieses Trends.[362]

Eine zentrale Rolle für die *KZfSS* spielte auch Alphons Silbermann[363], der die *KZfSS* betreute und gerne in seine eigene Regie genommen hätte.[364] Zusätzlich zu König und Neidhardt

---

361  Krekel-Eiben, *Soziologische Wissenschaftsgemeinschaften*, a. a. O., S. 152.

362  Christian Fleck, »60 Jahre Empirische Sozialforschung in vergleichender Perspektive«, in: Christof Wolf/Frank Faulbaum (Hg.), *Gesellschaftliche Entwicklungen im Spiegel der Empirischen Sozialforschung: Deutschland 1949–2009*, Wiesbaden 2010, S. 175–199, hier S. 181 sowie 185.

363  Silbermann musste als Jude und Homosexueller 1933 flüchten. Er landete in Australien und kehrte später wieder zurück. König vermittelte ihm 1958 einen Lehrauftrag, 1962 wird er Honorarprofessor in Köln. 1964 wird Silbermann Professor für Soziologie der Kunst und Massenkommunikation in Lausanne, kehrt 1969 als Direktor für Massenkommunikation nach Köln zurück. Nach Königs Emeritierung und kurz vor Silbermanns Ruhestand will Neidhardt die Abteilung nicht weiterführen. Sichtlich enttäuscht gründet Silbermann sein eigenes Institut für Massenkommunikation. Siehe Alphons Silbermann, *Verwandlungen. Eine Autobiographie*, Bergisch-Gladbach 1989, S. 538 ff.

364  Neidhardt berichtet in einem unveröffentlichten Interview mit Karl-Siegbert Rehberg und Joachim Fischer am 21. September 2010 über Silbermann: »René König hatte ihn kennengelernt auf einer UNESCO-Konferenz in Paris und hatte ihn eingeladen nach Köln. Die beiden waren da sehr miteinander verbunden und sind später nur auseinandergegangen, als Silbermann merkte, dass René König die nicht sehr geringen Autorenhonorare für das Fischer-Lexikon nicht weitergab. Da waren zwei Emigranten beisammen, die dort darauf angewiesen waren, auf das Geld zu achten. Daran ist die Freundschaft dann zerbrochen. Meine stärkste Bemühung war, den Alphons Silbermann zurückzudrängen, ohne ihm damit zu bedeuten, dass ich ihn für nichts halte. Und ich bin stolz darauf, dass das gelungen ist.«

René König mit Fischer-Lexikon, ca. 1970

wurde 1979 Peter Christian Ludz in das Herausgebergremium aufgenommen. Ludz verstarb aber noch im gleichen Jahr. An seine Stelle trat M. Rainer Lepsius. König blieb bis 1985 (Mit-)Herausgeber. Er mochte auch hier die Fäden noch in der Hand halten, denn Lepsius zufolge fürchtete er, »die Zeitschrift würde sowohl an redaktioneller Perfektion wie auch an Niveau verlieren, wenn er sie nicht mehr kontrollieren würde. Zu viele Jahre war sie sein eigenes Produkt gewesen […].« Dennoch habe es mit König (wie auch mit den weiteren Herausgebern danach (etwa Esser, Neidhardt, Friedrichs, Mayer)) stets einen Grundkonsens gegeben, was Soziologie sei.[365]

---

365 Lepsius, »Vorstellungen von Soziologie«, a. a. O., S. 225. Wesentlichen Anteil verdankt die Professionalität und der Erfolg der Zeitschrift auch der Redaktionsarbeit von Heine von Alemann, der im Frühjahr 1977 auf Axel Schmalfuß als Redaktionssekretär folgte (und bei Erreichen der Altersgrenze Mitte 2006 ausschied).

## 3 Wirkungen

Wirkungsgeschichtlich interessiert uns zunächst die Frage: Kann man wirklich von einer »Kölner Schule« sprechen? Wo und wie lassen sich ihre Wirkungen wahrnehmen? Was sind die Kriterien für eine Schule? Folgt man den unmittelbar Beteiligten, so weisen sie in der Regel die Bezeichnung »Schule« von sich. Im bereits erwähnten Deutungsrahmen, König sei die Personifizierung des Simmel'schen Typus des »Fremden«, schreibt Atteslander etwa: »Oft wird von einer Kölner Schule gesprochen, deren Vater René König sei. Der ›Fremde‹ ist ungeeignet zur Bildung von Schulen, so ist der Begriff Schule für das, was König bewirkt hat, in meinen Augen falsch. [...] Seine Wirkung ist so vielfältig, daß es schwierig ist, sie erschöpfend zu dokumentieren und nachzuzeichnen. Seine Art war Schulung des Geistes, nicht Schaffen von Schule als Institution.«[366] Und Scheuch hält die Bezeichnung lediglich für eine der Außenbetrachtung, denn eine »richtige Schule war das nicht, wohl aber ein Kreis mit einem übereinstimmenden Vorverständnis von Gesellschaft und den Methoden, mit denen über diese Informationen beschafft werden können. Intern gab es erhebliche Unterschiede in den Akzentsetzungen für Mikro- oder Makrosoziologie, für die Art der Faktensammlung, der Orientierung eher an *Durkheim* oder an *Weber* oder an *Parsons*.«[367]

In der Tat könnte man meinen, für eine »Schule« gäbe es zwar bedeutende Anzeichen (ein Oberhaupt, eine auf dieses bezogene Lehre, eine Zeitschrift und eine Schülerschaft mit diffundierender Wirkung), allerdings sei die Differenzierung der Schülerschaft zu groß, um noch von einer Schule spre-

---

366 Atteslander, »Bruchstücke«, a. a. O., S. 178.
367 Scheuch, »Wissenschaft – Anwendung – Publizistik«, a. a. O., S. 241.

chen zu dürfen.[368] Die Ausdifferenzierung[369] betrifft sowohl die Inhalte der Lehre oder des Programms als auch die politischen Einstellungen. So stellt Scheuchs Weg der empirischen Sozialforschung nicht unbedingt denjenigen Königs dar, der diese ja dann auch später als »Fliegenbeinzählerei« brandmarkte, von den unterschiedlichen politischen Einstellungen der beiden gar nicht zu sprechen.

Man könnte die Ausdifferenzierung allerdings auch weniger als Ausfransen der Lehre als vielmehr einen inhärenten Kernbestand des »Paradigmas« der Schule auffassen. Ich meine die Tatsache, dass ein wesentlicher Bestandteil der Kölner Schule als Schule und ihrer Breitenwirkung für die bundesrepublikanische Soziologie gerade die von König insbesondere durch die Sonderhefte der *KZfSS* und die fünfzehnbändige Taschenbuchausgabe des *Handbuch der empirischen Sozialforschung* (fünfzehn, wenn man Band 3a und 3b als eigenständige Bände zählt) vorangetriebene Ausdifferenzierung in unter-

---

368  Für Hinweise und Anregungen zu dieser Frage danke ich herzlich Gerhard Schäfer und Karl-Siegbert Rehberg.

369  Siehe dazu sowie zu den Wirkungen allgemein auch Sahner, *Theorie und Forschung*, a. a. O., S. 221. Und was die jüngeren Mitarbeiter Königs in den 1960er Jahren betrifft, schreibt Rolf Ziegler (»Chancen und Herausforderungen«, a. a. O., S. 56), dass diese auch durchaus verschiedene inhaltliche Positionen vertreten hätten, beispielsweise »die ›strengen‹ Parsonianer Heidrun und Wolfgang Kaupen, der während seines Aufenthaltes an der University of Chicago zum Symbolischen Interaktionismus ›konvertierte‹ Fritz Sack oder die ›Reduktionisten‹ Hans-Joachim Hummell und Karl-Dieter Opp.« Im letzteren Falle kam es zu einer Kontroverse mit König aufgrund eines Aufsatzes von Hummell und Opp über »Die Reduzierbarkeit von Soziologie auf Psychologie«, eine Position, die König strikt ablehnte und wegen der Opp schließlich aus dem Schülerkreis »verbannt« wurde. Für diesen Hinweis danke ich herzlich Heine von Alemann. Inwiefern Zieglers Beschreibungen zutreffen, ob etwa von einer Konversion von Fritz Sack zum Symbolischen Interaktionismus die Rede sein kann, das kann natürlich hinterfragt, an dieser Stelle jedoch nicht geklärt werden.

schiedliche Spezielle Soziologien (mit empirisch begründeten Theorien mittlerer Reichweite) ausmacht.[370] Insofern würde »Königs Rolle als Vermittler und Anreger [...] auch dadurch deutlich, daß seine Schüler eine Vielzahl seiner Themen in ihrer eigenen Arbeit fortgesetzt und zu eigentlichen Fachsoziologien entwickelt haben.«[371] Allerdings schien es ihm ein wenig wie in Goethes Gedicht vom Zauberlehrling zu gehen, der die Geister, die er rief, nicht mehr los wird: »Daß mit dieser Ausdifferenzierung in Teil-Soziologien die Einheitlichkeit des Faches immer mehr schwand, erfüllte ihn allerdings auch mit Unwohlsein, da er mit dieser Entwicklung nicht in erster Linie eine Verfeinerung und Präzisierung soziologischer Theoriebildung, sondern weit eher einen neuen fachspezifischen Provinzialismus heraufziehen sah. Er wollte verbinden und nicht trennen.«[372]

Insofern könnte man also vielleicht doch nachträglich von einer Schule sprechen[373] und würde dabei auch über die schnelle Identifizierung der Kölner Schule allein mit quantitativen Forschungsmethoden hinausgehen.[374] Dabei definie-

---

370 Nicht zu vergessen, dass König durch die Handbücher und Lehrbücher natürlich auch in der Soziologieausbildung eine Breitenwirkung erfuhr. Nicht umsonst heißt der Lehrbuchpreis der Deutschen Gesellschaft für Soziologie [DGS] heute *René-König-Lehrbuchpreis*.

371 Michael Klein/Oliver König, »Einführung«, in: König, *Soziologe und Humanist*, a.a.O., S. 9–15, hier S. 11 f. So sind etwa zahlreiche Schüler Königs an der Etablierung der Sektionen der DGS beteiligt.

372 Klein/Oliver König, »Einführung«, a.a.O., S. 12.

373 René König (*Soziologie in Deutschland*, a.a.O., S. 323) spricht selbst von einer »*Kölner Schule*«.

374 Michael Klein/Oliver König (»Soziologie als ›Wirklichkeitswissenschaft‹«, in: König, *Soziologe und Humanist*, a.a.O., S. 99–101, hier S. 100) schreiben hinsichtlich Königs Nähe zur qualitativen Sozialforschung: »Obwohl lange Zeit und auch heute noch gelegentlich von der ›Kölner Schule der Soziologie‹ die Rede ist, die für eine an quantitative Forschungsmethoden orientierte Soziologie stehen soll, ist es gerade von daher unzutreffend, in dieser Hinsicht von einer ›Schulbildung‹ zu sprechen. Sehr wohl aber gibt es Schüler Königs

re ich im Anschluss an Lothar Peter »als Schule die institutionelle Formierung einer soziologisch sowohl zeitlich als
auch räumlich einflussreichen theoretischen und/oder empirischen Konzeption sowie die damit einhergehende formel-
le oder informelle Einbindung von soziologischen Akteuren
in einen institutionalisierten Zusammenhang von Forschung,
Lehre, Publikation und öffentlicher Präsenz.«[375] Zentral sei
ein »kognitives Zentrum eines Paradigmas, einer Leittheorie
oder einer regulativen moralischen Idee«[376], die sich in vielen
Fällen »außergewöhnlichen Leistungen von (manchmal cha-
rismatischen) Einzelpersönlichkeiten«[377] verdanke. »Der spezifische Charakter einer Schule kann sich aber erst dann her-
ausbilden, wenn die Tätigkeit dieser Einzelpersönlichkeiten
dazu führt, dass sich weitere Akteure mit ihnen identifizie-
ren und in einen nicht vorübergehenden Interaktionszusam-
menhang treten« sowie das Paradigma oder die Leitidee, mit
der sich identifiziert wird, »auch aktiv in der Öffentlichkeit«
vertreten.[378]

---

und kennzeichnend für diese ist das breite Spektrum theoretischer
und methodologischer Ausrichtung. Die Gemeinsamkeit, die sie als
Schüler Königs ausweist, ist in einer Diskursorientierung zu sehen,
die die Frage nach dem sozialen Entstehungshintergrund soziologischen Wissens mitzudenken weiß.«

375 Lothar Peter, »Warum und wie betreibt man Soziologiegeschichte?«,
in: *Jahrbuch für Soziologiegeschichte 1997/1998*, hg. v. Carsten Klingemann et al., Opladen 2001, S. 9–64, hier S. 43. Siehe auch Peter,
*Marx an die Uni*, a. a. O., S. 9 ff. Dabei greift Peter u. a. zurück auf
die Überlegungen von Jerzy Szacki, »›Schulen‹ in der Soziologie«,
in: Lepenies (Hg.), *Geschichte der Soziologie. Bd. 2*, a. a. O., S. 16–30.
Siehe auch Edward A. Tiryakian, »Die Bedeutung von Schulen für
die Entwicklung der Soziologie«, in: Lepenies, *Geschichte der Soziologie. Bd. 2*, a. a. O., S. 31–68.

376 Peter, »Warum und wie betreibt man Soziologiegeschichte?«, a. a. O.,
S. 43.

377 Peter, *Marx an die Uni*, a. a. O., S. 9.

378 Peter, *Marx an die Uni*, a. a. O., S. 10.

Für die in den Kölner Soziologieinstituten institutionell formierte Kölner Schule[379] scheint mir nun charakteristisch, dass sich das Schulen-typische, also für die Schülerschaft relevante »Paradigma« nicht auf alle Eckpunkte der dargestellten König'schen Lehre gleichermaßen rekurriert, auch nicht auf die Kerntriade Person-Kultur-Gesellschaft, sondern in erster Linie oder lediglich auf die empirische Sozialforschung (sowohl qualitativer wie quantitativer) und den damit verbundenen Glauben an Planbarkeit, Fortschritt und moralische Erneuerung (auch wenn diese in unterschiedliche weltanschauliche Richtungen gehen kann).[380] Hinzu kommt die Bindekraft der persönlichen Ausstrahlung Königs.

Trotz dessen findet auch teilweise ein für Schulen durchaus typischer »Vatermord«[381] statt: Die kulturanthropologische Ausrichtung Königs im Ausgang von Thurnwald und

---

379 Ziegler (»Chancen und Herausforderungen«, a. a. O., S. 57) schreibt zum *institution building:* »Eine weitere Erfahrung verdanke ich der ›Kölner Schule‹. Empirische Sozialforschung bedarf einer gewissen ›Betriebsförmigkeit‹ und ›Infrastruktur‹ [...]. Die von René König geleiteten Forschergruppen und ›Institute an der Universität‹, z. B. die soziologische Abteilung des Institutes für Mittelstandsforschung, an der ich unter Betreuung von Hansjürgen Daheim meine empirische Diplomarbeit über den Beruf des Textilingenieurs [...] schrieb, sowie das von Erwin K. Scheuch (und Günter Schmölders) aufgebaute ›Zentralarchiv für empirische Sozialforschung‹ waren anschauliche Lehrbeispiele.«

380 Dabei ist nach Sahner (*Theorie und Forschung,* a. a. O., S. 126) die »Identität zwischen Doktorvater und Schülerschaft [...] am engsten in der Kölner Schule und am geringsten in der Frankfurter Schule.« Man könnte sich allerdings auch fragen, ob spätere Soziologinnen und Soziologen nicht einfach aus karrierestrategischen Gründen bemüht waren, sich als der Kölner Schule zugehörig zu bezeichnen. Das kann hier aber in der knappen Studie nicht weiter verfolgt werden.

381 Den Hinweis auf den schulentypischen Vatermord verdanke ich Karl-Siegbert Rehberg. Deshalb fragt auch u. a. Johannes Weiß, »Gehört René König zur ›Kölner Schule?‹«, in: Alemann/Kunz, *René König. Gesamtverzeichnis der Schriften,* a. a. O., S. 274–277.

den *durkheimiens* erfährt (auch in Heintz' Entwicklungssoziologie) kaum eine systematische Aufnahme; die soziologische Perspektive der Durkheim-Schule wird ebenfalls von
den Schülern Königs nicht weiter systematisch verfolgt; vielmehr scheint sich im Laufe der Zeit immer mehr ein an Max
Weber orientierter methodologischer Individualismus besser oder geschmeidiger mit der Ausrichtung einer amerika-
nisch geprägten empirischen Sozialforschung in Einklang zu
bringen als die französische Durkheim-Schule.[382] Und was die
moralische Gegenwartsdiagnose Königs angeht: sie bekommt
insbesondere in der Person Scheuchs eine konservative Wendung, die dann nach 1968 oftmals die gesamte Wahrnehmung
der Kölner Schule leitet. Diese Wahrnehmung hat allerdings
nicht nur mit Scheuch etwas zu tun, sondern mit einer seit
1968 insgesamt veränderten Wahrnehmung der empirischen
Soziologie. Die Empirische Sozialforschung, für deren »er-
folgreiche Etablierung«[383] die Kölner dank der Professionali-
sierungs- und Konsolidierungsbemühungen Königs Ende der
1960er Jahre stehen (und weswegen sie auch besonders gut
an viele Hochschulen vermittelbar sind), werden im Zuge der
Protestbewegung und angesichts der Frankfurter Schule zunehmend als »bürgerliche Wissenschaft« denunziert, »welche

---

382  Vgl. dazu auch die Bemerkungen von Karl-Dieter Opp (»Ein nicht
vorhersehbarer Lebenslauf?«, in: Jungbauer-Gans/Gross (Hg.), *Soziologische Karrieren*, a. a. O., S. 75–94, hier S. 82 ff.) zu König und
Homans. Für Atteslander trifft dies jedoch nicht zu, der Weber weitgehend ignoriert. Die geringe Rezeption der *durkheimiens* durch die
Schüler hängt auch mit Königs »Deutungsmonopol« hinsichtlich
der Durkheim-Schule zusammen, aufgrund dessen kaum jemand
der Schüler wagte, sich einzumischen. Für diesen Hinweis danke ich
herzlich Heine von Alemann.
383  Fleck, »60 Jahre Empirische Sozialforschung«, a. a. O., S. 184. Vgl.
auch Alain Touraine, »René König und die Soziologie in der zweiten Hälfte des 20. Jahrhunderts (1906–1992)«, in: Lüschen, *Das Moralische in der Soziologie*, a. a. O., S. 37–47.

den gesellschaftlichen status quo stabilisiere.«[384] Dabei kommen die Kritiken sowohl von links als auch aus dem liberalkonservativen Lager und betreffen von beiden Seiten die so genannte »Amerikanisierung«.[385]

Die Wirkung der Kölner Schule bezieht sich somit zusammenfassend zum Großteil weniger unmittelbar auf die Durkheim-Tradition oder auf die enge Verzahnung mit der Ethnologie,[386] als vielmehr auf Königs angestoßene, mit moralischem, demokratischem und gesellschaftskritischem Impetus versehene empirische Sozialforschung[387] und reicht ungefähr bis Mitte der 1970er Jahre.[388] Der moralische Impetus

---

384 Kruse, »Mythos der Empirischen Soziologie«, a.a.O., S. 163.

385 Nolte, *Die Ordnung der deutschen Gesellschaft*, a.a.O., S. 243. Zu Beginn der achtziger Jahre werden zudem auch Stimmen laut, die die Ausdifferenzierung und Spezialisierung in der Soziologie ebenfalls mit einem Verlust »kritischen Potentials« verbinden, so etwa Joachim Matthes (»Soziologie: Schlüsselwissenschaft des 20. Jahrhundert?«, in Ders. (Hg.), *Lebenswelt und soziale Probleme. Verhandlungen des 20. Deutschen Soziologentages zu Bremen 1980*, Frankfurt/New York 1981, S. 15–27, hier S. 24).

386 Interessanterweise werden diese, damals bereits von König aufgegriffenen Themen derzeit in der jüngeren Generation von Soziologinnen und Soziologen wieder vermehrt aufgegriffen; vgl. Bogusz/Delitz (Hg.), *Émile Durkheim*, a.a.O.

387 »Viele der später hauptsächlich methodisch ausgerichteten Soziologen haben zumindest einen Teil ihres Studiums oder der frühen wissenschaftlichen Karriere bei König in Köln absolviert.« (Christel Hopf/Walter Müller, »Zur Entwicklung der empirischen Sozialforschung in der Bundesrepublik Deutschland«, in: Schäfers (Hg.), *Soziologie in Deutschland*, a.a.O., S. 51–74, hier S. 55.

388 Sahner (*Theorie und Forschung*, a.a.O., S. 150 ff.) spricht mit Blick auf die Fachzeitschriften von einer modelltheoretischen Wende, die sich schon ab 1964 ankündigte, Empirie und Strukturfunktionalismus verloren an Bedeutung, Marxismus und Kritische Theorie gewannen Ende der 1960er die Oberhand, was sich dann aber ab Mitte der 1970er, erkennbar etwa in der Theorienvergleichsdebatte (vgl. dazu Rainer Greshoff, »Die Theorienvergleichsdebatte in der deutschsprachigen Soziologie«, in: Kneer/Moebius, *Soziologische Kontroversen*, a.a.O., S. 182–216), wieder geändert habe.

einer »angewandten Aufklärung«, auch öffentlichkeitswirk-
sam verbreitet durch die Medien sowie »Projektionsfläche gesellschaftlicher Bedürfnisse nach Sicherheit, Fortschritt und
Neuorientierung«[389], macht in den Anfangsjahren der Bundesrepublik mitunter den disziplinären wie soziokulturellen
Reiz der Kölner Soziologie aus.[390] Hinzu kommt aber auch die
durch das *Fischer-Lexikon*, die *KZfSS* und das *Handbuch der
empirischen Sozialforschung* forcierte, im Vergleich zu den anderen soziologischen Schulen einzigartige Professionalisierung, Entprovinzialisierung und Konsolidierung der westdeutschen Soziologie (und ihrer Speziellen Soziologien), die
sich auch in den akademischen Karrieren und Lehrstuhlbe-
setzungen der Schüler nachhaltig niederschlägt.[391] Dieser
theoretische, methodische und institutionelle Ausbau der Soziologie, die von König aufgefächerte Breite der Disziplin, das
Setzen soziologischer Forschungsstandards sowie das mit seinem Namen verbundene wissenschaftliche und demokrati-

---

389  Kruse, »Mythos der Empirischen Soziologie«, a. a. O., S. 154.

390  Wie Sahner in seiner empirischen Studie zur »paradigmatischen
Struktur der westdeutschen Soziologie« zeigen konnte (*Theorie und
Forschung*, a. a. O., S. 74, 80), sind aus dem »Schelsky-Cluster« »entgegen der verbreiteten Meinung« »*nicht* sehr viel mehr« Schüler
und Soziologen hervorgegangen als aus der »Kölner Schule«.

391  Niemand war wie König, so Karl-Siegbert Rehberg (»René König
zum 100. Geburtstag«, in: *Soziologie. Mitteilungsblatt der Deutschen
Gesellschaft für Soziologie*, 35 (2006), S. 518–522, hier S. 519) »bei
der Vermittlung von Schülern auf wichtige Positionen und Profes-
suren vergleichbar erfolgreich.« Wirkte König vor allem ins Fach,
so Schelsky und Adorno/Horkheimer mehr auf Politik und Feuille-
ton. Aufgrund der methodologischen Ausbildung waren die Schüler auch an die Hochschulen gut vermittelbar. Zu Aufbau und Ausbau der westdeutschen Soziologie siehe auch René König, *Aufgaben
des Soziologen und die Perspektiven der Soziologie. Schriften zur Entwicklung der Soziologie nach 1945, Schriften Bd. 10*, hg. und mit einem Nachwort von Michael Klein, Wiesbaden 2014, dort auch die
unvergleichlichen Würdigungen und Nachrufe Königs auf Kollegen
und Weggefährten.

sche Ethos macht die Kölner von heute aus gesehen zu einer
der bedeutendsten soziologischen Schulen der deutschsprachigen Soziologie.[392] Im zeitgenössischen Blick, in der öffent-
lichen und disziplinären Wahrnehmung, nahm jedoch die
unmittelbare soziologische und moralpolitische Bedeutung
der Kölner Schule parallel zum gleichzeitigen Bedeutungszu-
wachs der Frankfurter Schule im Zuge von 1968 ab.[393] Durch
die Zerwürfnisse mit Scheuch und Heintz verringerte sich der
innere Zusammenhalt und die Homogenität der Schule. Inso-

---

392 Vgl. auch Heinz Sahner, »Einige Anmerkungen zur ›Kölner Schule‹«, in: Alemann/Kunz, *René König. Gesamtverzeichnis der Schriften*, a. a. O., S. 254–257, hier S. 256, demzufolge die Wirkung Königs
und der Kölner Schule darin liegt, »daß eine theoretisch und empirisch fundierte Soziologie weitgehend zur Selbstverständlichkeit geworden ist«. Insofern könnte man, worauf mich Matthias Bös hin-
wies, vielleicht sagen, die Kölner Schule habe sich »zu Tode gesiegt«,
da sie »das in der amerikanischen Soziologie und in der ISA sich
langsam etablierende Bild der Soziologie als eine in unterschiedliche Bindestrichsoziologie aufgeteilte Wissenschaft mit empirisch
begründeten Theorien mittlerer Reichweite in den einzelnen Teilge-
bieten vertrat und somit zum Mainstream wurde«. Umso erstaun-
licher ist es in Anbetracht der Wirkungen, dass sich im Vergleich
etwa zur Frankfurter Schule noch keine umfassende soziologiehistorische Analyse mit der Kölner Schule befasst hat.

393 Noch Mitte der 1980er Jahre »juckt es« König, »etwas über den prä-
tentiösen Jargon der Soziologen, den sie wohl alle von Adorno und
Habermas gelernt haben«, zu sagen; »nicht nur sinnloses Zahlen-
sammeln, sondern auch das ebenso sinnlose Verschütten des Ge-
genstandes durch den Diskurs, wobei man glaubt, mit allen Wor-
ten etwas gesagt zu haben, obwohl man nur Theorien über Theorien
über Theorien, Bücher über Bücher, über Bücher, über Bücher gemacht hat. Mir wird es immer unerträglicher. Es ist wie beim Neu-
kantianismus in den Zwanziger Jahren: die Devise lautet: stunden-
lang so weiterreden.« (René König in einem Brief an Roland Girtler
vom 2. Januar 1985) Den Bedeutungsschwund der Kölner Soziologie nimmt König auch mit Blick auf die *KZfSS* wahr, die er in einem
Brief an Roland Girtler vom 29. Dezember 1989 zu einer »kleinbür-
gerlichen Spezialitätenpost« verkommen sieht. Ich danke herzlich
Roland Girtler für die Kopien der Briefe.

fern hat die Kölner Schule vielleicht – wie die anderen Denkschulen der bundesrepublikanischen Soziologie auch – nur
»zeitweilig« den Charakter einer Schule gehabt.[394] Wenn man
jedoch an die Tätigkeit und hohe Mitgliederzahl der »René
König-Gesellschaft« und die derzeit vollendete Herausgabe
der Schriften René Königs denkt, ist hier vielleicht das letzte
Wort noch nicht gesprochen.

---

394  Vgl. Weischer, *Das Unternehmen › Empirische Sozialforschung ‹*, a. a. O.,
S. 112; zur Homogenität der Kölner Schule bis Mitte der 1970er Jahre sowie zu Dissertationen bei König siehe Sahner, *Theorie und Forschung*, a. a. O., S. 105 ff.

Printed by Printforce, the Netherlands